THE INDEPENDENT

Book of
SUPER
SUDOKU

Volume 1

CHAMBERS

CHAMBERS
An imprint of Chambers Harrap Publishers Ltd
7 Hopetoun Crescent
Edinburgh
EH7 4AY

www.chambers.co.uk

First published by Chambers Harrap Publishers Ltd 2005

A CIP catalogue record for this book is available from the British Library.

ISBN 0550 10268 X

Editor: Hazel Norris
Prepress Controller: Clair Simpson
Publishing Manager: Patrick White

Designed and typeset by Chambers Harrap Publishers Ltd, Edinburgh
Printed and bound in Great Britain by Cox & Wyman Ltd, Reading, Berkshire

Introduction

The Independent was the first British newspaper to introduce a 'Super Sudoku' puzzle. In the tradition of publishing especially tough crossword puzzles at weekends, when solvers typically have more time on their hands, it brought in 'Super Sudoku' on Saturdays. The first one appeared on 30 April 2005, and the new puzzle soon proved popular with readers who relished its additional challenges.

'Super Sudoku' differs from standard Sudoku in that it has a larger grid, comprising 4 × 4 boxes rather than 3 × 3 and a total of 256 squares instead of the 81 found in standard Sudoku. The numbers to be filled in range from 0 to 9; solvers must also add the letters A to F into each row, column and box. It's more difficult, more time-consuming and more infuriating than standard Sudoku – but just as deliciously addictive.

Whether it's standard or Super Sudoku, there's no doubting that the country is in the grip of a Sudoku frenzy. Commentators have likened it to the obsession with the Rubik's Cube® which swept Britain in the 1980s, or to the craze for the first crossword puzzles in the 1920s and 1930s. In the same way that critics during the inter-war years lamented the perceived drop in productivity caused by people solving crosswords while they should have been working, others today bemoan the amount of time lost to this fiendish new puzzle.

But while some deplore the advent of Sudoku and Super Sudoku, others have welcomed it as a way of increasing mental agility and problem-solving ability. Although arithmetic is not needed to solve the puzzles, mathematicians have pointed out that logic and reasoning are core mathematical skills. It's even been suggested that pupils should be encouraged to tackle Sudoku in schools, and health professionals have pointed out that, like the crossword, Sudoku may help stave off senility by keeping those little grey cells active.

Intellectually edifying and physically beneficial it may be, but the chances are that the nation's many Sudoku addicts have taken up the challenge for entirely different reasons: simply that it is great fun, not to mention exceedingly addictive. This collection includes 70 never-before-published Super Sudoku puzzles which should keep even the most voracious Sudoku enthusiast challenged for some time to come.

Instructions

How to play

To complete a Super Sudoku puzzle you simply need to fill in all the empty squares in the grid with the digits 0 to 9 and the letters A to F.

> ➤ Every row should contain the digits 0 to 9 and the letters A to F
> ➤ Every column should contain the digits 0 to 9 and the letters A to F
> ➤ Every 4 × 4 box should contain the digits 0 to 9 and the letters A to F

No digit or letter should be duplicated or omitted.

There's no maths or guesswork involved in working out which numbers and letters should go where. Each puzzle can be solved with reasoning and logic. And there's only ever one correct solution to a Super Sudoku puzzle.

As with *The Independent*'s standard Sudoku puzzles, the Super Sudoku in this collection have been graded by difficulty level, from 'elementary' to 'intermediate' and 'advanced'. Solvers will therefore find their task becomes harder as they progress through the book.

Tips and strategies

Use pencil, rather than ink, to fill in the grids. If a mistake is made it's often difficult to work out where you first went wrong. Pencil means that you can rub out the digits and start afresh.

Don't guess. Super Sudoku puzzles are solvable using logical deductions. While it's tempting to leap ahead by guesswork, your guess may well be wrong and create problems in future.

Sometimes noting possible numbers and letters by the side of the grid, or in small writing in the squares, can help. But it's easy for the grid and margins to become choked with scrawled possibilities, which ultimately become more confusing than helpful. Devise your own system of notation, and stick to it.

The techniques for solving Super Sudoku puzzles are much the same as for standard Sudoku, and everyone has their own favourite method. Try focusing on individual horizontal and vertical bands of boxes, and use rows and columns to eliminate number and letter possibilities. Looking at an individual row, column or box to see which numbers and letters are missing is also a good way into the puzzle. Keep repeating yourself; as you add more numbers and letters to the grid you'll find that reapplying earlier techniques lets you fill in yet more squares. For more detailed tips on solving Sudoku, see *The Independent Book of Sudoku Volume 1*, also published by Chambers.

Super Sudoku offer tough challenges; large helpings of patience, superhuman determination and the ability to keep calm are all required. And be warned: these addictive puzzles are almost impossible to put down once you've started, so make sure you have a few hours (or even days!) free. Good luck!

Puzzles

		E		1	4	6	C	2	9	5	D				0
0	1			E		D	5	B	3	C	8			F	
			9			A		7	0	E	1	6			5
				2	8	F	4	6	A						
D		1		F	B		E			A			9		
		8	3			4				1		A		5	F
			B	5	C		6				9		0	7	4
C	E		0									B		2	3
	B	2	6	8		C	D	1	F	0		3		A	
1	D			7			9	6	E	B		2	5		
8		7			E										
E		A		3		F		8				9			
7						B	3			8	2			9	1
							8								A
		0				F	5	4	3	1		6	C	8	2
A	2					0	9		E	5	7	B			

B		3	1	8	5	9	2		F		A	4	C		
	2		5	E					4						D
A	F	C	E	B			D	2	0	3		1			
4			D	A		C	6	E		8	1			F	3
6	C	D			8	2	5			F				7	4
2				C			E	6						D	
										3	6	8	5		
	0						A			5					9
				C	0										A
						1	F					B			C
			0			F		8	E			6			
3	5	A	6	D			B	4					F	9	7
	B	7	A	2	6						5			4	
	8		C	3	1	7	9		B			0			
1		4				E	0	C	3	2	6	5			8
E					4		8	7	9		F			6	

	F	3	A		4	5		D							7
	6			F	7		D	0	5				9	A	
	B	C			8	E		9				2			
					A	0		B						6	
5	A	9									F		3		1
	2		7		6	8	E	3	A	B	9	C	5	4	
6	8							E	1		4			0	
	4	D	1	C	9										6
	7	4			2	1							D	C	
	E	F	8	B	5	9	A								
D	3	2	5	0	E				4	7	1		6		
			9					B					2		
			6	7		B	C	5	0	3	2	4	1	8	9
				A			5		D		7				2
				D				6		8	A		B	E	
4	5								F				C		

D		9				5						7	2		
	2			C				3				0			F
B		0	8									C	D	9	
		3	7			8	2	A	0		6	1			
E				A	7	C	B	6	D						
	1							7	5		9	B		E	
C	5			9				4	3		1		F		0
	0			4	D	F		8					1	A	
		2	9	8		3					A	F	4		
3		A		C	B	1	5				8	E			
								D			B				
F			1	4	0			6							
A	D		0		3	B	7				E		6		
		4		6	9	A	1		2		5				
	8				2			F			3		5	B	4
	F		E	0										C	1

			3	C		F									
5	1	9	8	3	B	D			A	7	2				
		D	6	0		9	A	B	5					8	
								8	4			0	E		
			1	7					9			E			
	2	E				B	8	A	D	0		7	1	C	
7	C	3	5				6	2				F			
A	8	4				2		3	C			5			0
F				3						6	1	A	5		
				2	9	7			B	E	0	C		6	8
B			C	E		5		4				D	7		
					1	B	D	2	F	C			9		
C		2	9					7							
						4	6		2	A			0	9	
	E	5	7			8	F	1	0						C
6				D	0	3					4	8			

3					A		6	D	4			2			0
E	9			C			F						8	1	
2	0	8	1				B								5
F		4	7	3	E			5			6				D
4				D			8	1			5	A	B	9	
			2	7	C	B	A	F				0	4	6	
								B				C	7		
	8	7			5			0		9					2
			F	5		1	2	C	3	9			0		
	6		0	8						1			3		F
	7		5	E		A					B	4			
				C	9			D	7	E	6		5	1	
		6	A		1			E	9				F	2	
1	5					E	C			B					
	B		8	A	D			3			6				
	2	3	4	F				7			1				

		4	9	3	7	E			A	6	B				5
D	B				C	4	9		1	7	8	0	2	6	
			5	B	A							3	E		C
3	8	0		F	6			2	C			B	A		
B							3			E	C				
				8	0			A	2	1					
		F			5			7	3			9	2		4
	1	5	0	2				6	F	B	4	D	C	E	3
4	F	3	A			B							0	5	
6		E			F				B	D	A	9			1
			8	7			6		9			F			
			1			3			E	2					
1	E				0								4		
								D				A	F		E
			3							9			8	D	
			2	E	1		D	F	5	3	6			B	

	6	C	8		5	9	0	2			F	1		E	
0	B		7	A				8			4	3			
		D												2	
			5	7	C							A	D	8	
			9	2		E		B	8				D	A	
	7				A		4						8	5	3
C		2		D	B	8	F	7	4						E
E	1		B			C			F	5	7	2	6		
D				5	1	4			9				3	8	
		B		8	3	7		D	F		E	2		C	
2	E								7			1	D	5	
			F		9			B	C	2		6	A	0	4
6	8			B	F	3		E							
9		F	C	0		5					7				
	0	3		C	4			1	A				9		
B														7	6

8	0	D	A	3		5						9	7		B
3		6		0	D		4			8					5
						E		D					F		
7	C				B				9			D	4		
4				A	9	8		1	C	0					2
A	5	8		4				C	E				D	6	
		0		6				D		8				7	
	3							B	F					1	
				5	4	0	6	9		D	1		E	B	
	9	2			1			7	6	5	B	8			F
6	8		7	B	2										1
1					F		3		A	E	0				
	7	C	D		A										6
			0	1		7		D		C	F	5	8	9	
E		B					0			7					
5		F		8		9		2	4	6	A	C	0		

			2			8	9				1		C		
					E	6	F		C			9	A	1	0
	8	0			5			2	E	3	B	6		4	
A	4	E	C	7	1			9					3		5
C	E	9		F	7	3			0	B		D			8
5	2											1	7	9	
				1	E			C	D	6					F
1	3			F	D	6		2	4	7					
		8					E			7				2	
	9					6	D	A	8	F					
	7		5	8	F	0			4					D	
	A	6		C					1			5	0		F
F													4		
8			7	0	4	C						5	B	A	9
4			5	B			F	8	0					E	3
					3			0		D					2

A						9		E				4	3	6	
		8	7	A	5	6		9	F	B	2				1
					C	0	D	4		3		2	7		
B					7			0	A			5	D		
			2	6	B	E			F			C			
E		7						6	8						
															E
	4	5	1						7			8	0	9	
9	6									D	E				A
	7		E		A	D	6	C	9	0		F		1	
		C		B									6	2	5
1	5	A		9			3			8	6	D			
5	A	F		E	8		2		1	9	C				
	9	D	0	1	B			8		3				F	7
C	E	B	2	4	3		D			A	5				
7	3			6			5			D	B			E	0

E								B							
	2						4	5	3	7	A			9	
1	3	4	C		B		9	6			D			5	
		5	9	6	E						8	C	D	F	A
3		8	D		0	E		4	1			5	F	7	C
2	0				C	F			E	9		B	1		
5	E			A	4				D				0		
				3		D	2	8							
			1	E		4	6	3		5			C		
			7	1	A	9	8	D	4	6		2		B	5
		2	5		D								3		
A	6			B	2			9						8	7
				4	1						E	D			
		1		2	3	C	5	7			9			6	E
6								0		A	5				9
	F	B				0		2						C	3

0	2		D				F					8	9		
			9	6					8		1		2	B	7
1			3		C	5			0	2	9	A	E		
7			F	B			4	E	6		3	0		C	
E					6				F	B	2			3	0
3	8	9				E	5						A		
			7					1	5						
							9			C					4
2	7	1					A		9				4	8	3
F		C			4	9	E	7				2			
D	E			3	8	F	B	5			4			6	
						1	0	8			B		D	5	E
B				9	1	C				8	7				5
A								0	B			C	F		
	6	3	E	A	7		2	D							8
			0		B							1		E	

				3	5		F	C	D			8		B	7
B			9	E	0	1			8			A	4		
		C		D	B	2						F			5
	3	5	7			4				2			6		
5	6	8						D							B
3			B	C							4	6			
				8		D	A				2				
	7	4					E				6		5	C	3
2		6	8	9					C		1		3		
A	5		4				0	E	9	3					
1		7						A			5	E		D	
		D	F		A	4	C		B	8				9	2
F	1	E	2	6	4	7						A			
4			3			0		2	6		8	9			
8						B						C	4		
0	B			1		3	2		4	A	7				8

C	3	5	D	E			1	F				6			9
2	0		7				8							5	A
		8	4	9	0	7			6						
	9			2		3	5	0			B			4	7
4	8	2		3						C					0
				7											1
A	D			C										9	
		E	9	D	F					B		3	2	7	8
		9		6		A					D				
			E	5	8						2		4	6	B
D	A				E			8	7	0					F
	B	1	6	4				3	A	9	E	8	5		
	5	A	B							1	3	7	0	2	4
			8	C	4	1	9	E			7	F			
E			F									9	6	D	3
7		0				6		9	D	5			E		

				B	0		7	2		5		9			4
			C	A	1			6	8		9			B	D
		B	7		8			D					3		
3	1				2	6	5					E	7	C	A
A		9	1			0	B								
		F			9			4	2	B		8		E	
		E		D						A	C	7	F		
C		7		2						8			5	6	
	4	5			2			A		0	1				3
					3	8						6	D	E	
1								B			F	C	8		0
	A	6	0	F				E			D		2		
2				8	E				F				4		
9	6				4				E	3		D	A	5	C
B	5	8					0	9		6					
7				6			F	C	D	0		2	B		

		C	1	E		3	0	A				6	B		2
A	5		7	9	F					3		4	1	0	
3			2				6			E					5
0	8	6			7	1	A							C	9
				5	7										1
			E			0			9	5	A	D	7	F	C
F		1	0	8	2	9			B	4	D	3	6		A
B		3			6		4								E
C	A	D						F			7	5			0
1				7				6	8			E			D
7	3	5	8							C					B
			4					3	1	9		F	2		
		2	A	D	0	6			4			7			3
					5	B	C			D	0				
9			F	1	C				E					8	4
D	0			2	3	4	8	9	6			1	5		

	0			8	6					5	3	7		4	B
F	E			B		2	3	7	D					5	
1															
		D		4		0		6			A	3		F	
		C				4	2	E	0	F	D				
7			3			F						A			
	2		8	0	1		9			3	B	F	6		
				C	B										
			7	A				F	6	C	8				0
			9	D	8	1		5			4				7
0				3		B	F	2			E		4		C
8			A				4	1		7					9
6		A	0			3	7								F
2	4			F					7					E	8
B	8					9	5	3	E			2		0	D
	3				D	C						B	5	1	

	E			4	D			F	5					6	
						6	A			7				C	D
	6		9	B				2	A			1	0		
B			A		C				1	0	D		F	5	E
1		5	6		9			C	F						
7							2							9	
D			3			0	4			1		2		7	F
	A	E									6	5		B	4
F								D					C	E	
		3		2		F	0	7	E			8		4	B
0	4	A	5	D	3	E	C	B	8	F				2	1
	9				6		1		2	C	0	F	D		5
	D	6	F	0		B		E	C	5	2	A		1	7
C		1			7	4		3			F	9	E	0	
	8		2	C					0	9			B		6
		9	4	1	2	3		A						D	8

1		4	E		9		D	3							
	F	8	A	B		1	3		7		2	9	C		
	0		5			2	4								A
	2			7		5				4					
					4				D		E			3	5
			D	6		9	2	4	A						C
C	E				A		0	8	5	2	F	3		1	
B						7		C	1			2			6
4					7						C	F		E	3
9		2						A					8	5	B
D			F	E	6	3	A		8	7	B				4
		A		9	2				6						
8			7	2	A	B									
	1			F			5			B	4		3		D
F	9	3						8	5				C		
A	5	E	4	1		D		7				6	9	8	

		9				B	7	0		C				F	D
E				9		C	D					A		B	3
		1	C	A					6	3	B	2		4	
	4								A			1		C	
A	E		F	3							8	0	C	1	6
D	3	4	6	C			5	7							9
		B	0	1		7							8		
8			9			0	2					5			7
		3			0					8			2		E
9	D	2	1				8	C					6		B
5		6			2				B		1	F	D	0	C
		0	B			6	A	3	9	D					4
0	F	8	7	B	A		1				C	4		9	
			D						8	A	E				
	C							F					A		0
6			2	4		8				0		C			

3	7	6		1		9		8	B	0	5	F			C
F	B	4			6		E	C	7	9					2
E	9	5						2			6	B	A		
	1	C			A	4	D		F			0	5		
	6	8	E	0		1		9		2					
4		9	F	8		2				D	A	E			
	D			E				5		4	C	1			
5		1			4		D	6	3		E	9	0		
6	A	B				8		1				5	D	9	
1			7			3			5						E
			F					A		7			3		4
			C			4	0						1	2	
0				9	C	3			6				7		1
B			6		1	0	A	3	C					F	
			1				5							D	3
D						B	F					C			A

	C			E		4		2							B
	8			A	9							C	5	E	F
E	2	1	4	5				C	6				0	3	
6			3		B				0	E		D		8	
		2			A		8	9	4	F			E		6
1	0		D		6	3	E			B	7				
C				7				6						4	3
5		6	E		C	B			D		A		7	9	
A	D		2												
	1							8						0	
			B		2			E	3				F	7	
7		F		9	1						5				
8	7		1		4						6		C		
					E	D			9			0	8		
D		4	F		5	C		B		3			2		7
	E	B					7	F			2	1	D	6	4

	9	D	A	B	C			1		2					
3		0		8			1	6							E
	1	6		3	E						4	7	8		
	E	2	8	6	7	F				0			D	B	C
	D	3			F			4	C		6	B	1		
F	C	E	7	2	9		D					0	5		
B	5		1		3		C							9	
4				8		B		E		3		A	D		
D		8						6	4						9
	A	1	6			E		7				F			B
								E				C	3		
E			5	4	A		7	B	0					6	8
	8	F		5		A	3		9				7		6
	4			1				A	5						
				B		F		2	1						
6	3	5	C	9				D						A	

C		2	3	A	4			1		0	B	7			
			E	3			9				4		B		A
	9	8		7	B				3	D	2		5	F	
		6	1	C	F	E		8					2		0
0	3			1							C				
	5				9						1	3	7	4	
					F									E	8
8	E			6			7	F	5		D			2	
4	1			2	5		A			9			8	7	C
	2					C	E	D		F	A	9			
			0		9	6	1	2	7		5	D			E
7					0	D		B	1	8	6		4		
				B							7	A	3		
	B		2	9		5		6						C	
	F	5					2					E	9	1	
				1				E	A						

5	7	9		4		8	E		2	0	C			3	
		3				D	B	5	E						0
0		4		A	2	9				8	3			B	6
D								B		F	6	7	2	4	
2		1	9	0	F	E	4	6	8	3		B			D
	0						9				B	4	C	7	
			A	B								1	F		
8		B		1		3									
				5	7			8		6	D	A		9	
A		D	2	F	8	6	3			7	9		0	5	1
								C	A	E	2	D	3	6	7
9				C						5				F	
3	D	2				1	A			B					F
6		F						E	0				1		
4			5				0	9				2			
1	9						6				4				5

				E		D							8	C	2
5			2							0					9
		8									E				5
1	D	9		B	2	7	4	F			C	A	0		
	1		C	7	D		8		2	E		9	6	B	0
6	3				A	9		1				C	5	2	
0	8			C			1		B	3		D	E	F	
4		E					B	C		D	A			8	
			9	8	1	A	6		4				D	7	F
		6		4			3	8		9					1
				F				7	3		2		C	E	B
3		7	A			5		B	D						
								6		2				0	
	0	F			B			3	1						E
	6	D		9		C					B		F		
9								A		C		2			

			E		F	5	7								
D		0				6		E			2				B
	F		7			4	3				6	1	A	9	
				E							F	D			
8	1	5	9			D	2			7					
				C				0		4				3	6
3	D			B				6					C	5	
0			F	A	E								8	1	9
1	B	4	5		2			F	A	C		3			
	6			9	4	F	C		7	D		0		2	
C	0		8		B	A	D			5	3		F		
				0	7					E	1	8			
A		B	0		D		6	5	F				7	8	
2	8	1		7		E		3						4	
	4		C	2					1					E	
						0									

A	9	F			B					E		1	C		
C	1	7				8						A		E	
			E			2	5		C	1		D			0
												6			
	A				7	4		9				8	1	2	3
0	D				5			3	1	2		F	4	B	E
1	7		4							0		C	9	A	
			6	C							A				
	4		A	7	9	B									C
3			B	0	D		5				7	2		4	
						6	A	1	C	4					
	F	1							0			7	E		9
		8		E		7				F	6	B			D
4	0		5			2	6			D	3	E			
7			1	0		3	C	9	5			4	8		
6		9				D	1	5	0	B			A		

	3		5	4				1	7					B	D
8							B				5	7		C	3
									9	2	1	F	4		
		E	2		0	7		C			B		A		6
							E							7	9
		9	F					5	4	C	8				
	C		3		F		9			1				E	A
5				3	1	0					7				
				6	2							C	3	1	4
9	E	8		A	7						D				
6	1		7								3	0	B	D	
		B	C		5	D								A	8
7	2	C	E		D		0	F		8				6	5
			0	7	6			D	3		8	2	9		
			5	9	C	F					B				7
		6	D		8			0			4	E	1		

	3		5	4				1	7					B	D
8							B				5	7		C	3
										9	2	1	F	4	
		E	2		0	7		C			B		A		6
							E							7	9
		9	F					5	4	C	8				
	C		3		F		9			1				E	A
5				3	1	0					7				
				6	2							C	3	1	4
9	E	8		A	7						D				
6	1		7								3	0	B	D	
		B	C			5	D							A	8
7	2	C	E		D			0	F		8			6	5
			0	7	6				D	3		8	2	9	
				5	9	C	F					B			7
		6	D		8			0				4	E	1	

B	E	4						A							
C	2	1		3									8		
				1				3				6	5	9	D
				A		F		7							
			C					9					2	6	
6	5				3	E		B	C			8			
		F	A	5	B	C	1			8		9		4	7
4	7	D				0	6	1	A				C	5	
	F	E	6	7	8			4	B	D	A	1	9		
0		8	1	D						5					A
7		A	2					8	0					6	C
		C		6		4									
A										E	B		4		
				E	A				8	2	9	0	D		B
5	0				9	6		D	F			1	7		
D						8	B	0	3	C		A			

		3	7	0				C				A			
	6			5										D	
		E		F					7		D		5		6
5	C		2			8	1	A					9		4
	1			6	0		3	4		8	5				7
0		5	6			9		D	1	7		4			
				5	7				2	B	0	1	3		
	3	B			4						9	5			F
E	A		5	3				B		6			4	F	2
		7	D	8				2					0		
	4	2	9	A				F					D	1	
6	0		1			F			D	4	A	B	3	C	E
2	7	6	E	9			F		C	5	8	D	A		
B	8	F		E	1				4						3
A	5			7	2	3					E		6	0	8
		9	3						2					B	

			6						D		B	A			
E	B	9	6	D					0			4	8	F	5
	C	1		4					6		5	0			9
4		A	5	F	0	3	2	9	C				7	6	
	6		D	1											
5		3	4		7	C						9		2	B
1								4	2			C			
0	E	2			F		9	D	A	B					8
3	7	6	8							D	4				
				E			C			8	F	6	9	4	
	5	D	F							3					7
		E		5		D	8	B			0		3		
	0	F				4		7				C		D	2
9		5			6				F					1	
	8					B	3	6	1	4	E	F	0	5	
			B	7				F		3	5	C			

		2			1	E	C			D	5	6		A	7
			4					7	6	F	8				
3						F	A					5	1		
1	A			0	D	7	8	C		B		E			F
6	4	9										A			
			B	D		C	9		5				8	E	6
D					F			0	1		6	7	B	9	
				2			A	9		3	4	5			1
		4	1		D		B				7	C		2	
C											8	B			
				6		1	4						7		
					0			2	3	F	1				5
	1	F	C	0	B	5			D			9	A		
A	2			F	C			E				4			
8		5	6		9	2		7	F	A					E
9	3	E	0	7					4			1		D	

	C	8				2	4		9	B	F				E
			6							C		B	D		
				1		0			D				F		5
	5	7					8								
2	F		0	4		A	1		6	9	B	5		3	
	1			C	3				7	D					2
	A				7	9	6	F	3				1		0
				D	E	5			0						
				A	E			6	F					5	4
A			8	0	C		F				5	E	7	1	
				5		8	9							0	
C		2			4	B		8	E		9			D	
F		6	E	3		5						0			
		1	D	6	9				8		2	A		B	
9	B			8				7		6	3	F	C		
3			A			D		5							

	A				1	F		4	2	0					
		2		C	4		9	E	5		F	8			7
	7						5	3	6			4		D	
	3	F						1	9	C	D				
		1		B				5		A	E	C			
				A	5	6	4		1			3	2		0
C	2						3			9	4	6	7		5
				7					3		0				
F	1	D	4	7	C		0					2	6		
	9	0	3	1	D			7	4			A			8
					9									5	1
2	E	5		6			F		8		3				
				3	0	1	C	A		B					9
6		3					8			7	5				
	B	E		2	A			6	F	4		5			
8	4		2		B		6			3					

C							6	D							3
	6		0	C					A	5	7	2	D	F	
8	A		1	7	5		2		3					9	
2		B	D		9	A	0			7					
				0					9			D	7		
		9	E		6			2	7			0	8	A	
						3		F	6	B			4	E	5
7							E								
F	C		5	6			D	9	A						
	2		A		3	4	C	6	B	F		5			
1								E		2	D	F			
0							5		C	8	3		D		
4			8					B				2		C	
3		A		E	4	C	F	5			2	9	B		D
D	5			B	8		A		9		7		0	F	
			6			2	3			0	1	4		7	

7	6	E	F	A				8		1	D	4			
2	9							6		3	C	F	A	E	
1					E	4						8			0
8					9						B	3	C		2
D	3	8		B	2	5	A	9				7	1		
9				6					4	5				8	
0	B	A		8	F			2							5
	C	5	7	0	3	1			D	E			B		
E			5		B							1			
	7						6						9		
		6	1	C		D					4	E		5	
	2			5		F								0	
				4				F		A				3	
	4	F	8	9		2				B					
			9	D		E	5		7	8			F	6	1
3	A	B	E		0	7		1		6	2			C	D

6	B	4	A					F							
	7	E	9	B	A	2	F	8				6			
D	F				4		0	C	6		3	5			
						E		7	A	D	B	4			C
						D	7	A	1	C		B	4	3	2
	2								0						
	8	1				3	4	2	7		6				
							6	B		5		C			
0	D			8	C		6								F
B	5		3	9							E			C	
	9				B										0
		7	4							6		A		E	
		B	6		8	9	5	D				3			
7		3					1		5	4	0	F		2	6
	E	D		3			2			B	C	7	5	A	
5			1	7				9						4	8

9	D	E			C							2	6		
8	2	C	7	4	A										5
	3			6		7	D		2		5				C
1		4		E	F	B		0					9		A
	E			2	6						7	9			
			2	B	D		7	8	3	C	A				
				8		1				D	B				0
		B										F		1	
E		1		A		0							3		
						6	9	7	0	1	4	C	E	A	
F				1	2	4			C	E	D	5	0	8	6
6	0	A		C			8	9		5	3	B		4	2
D	F		B			9					2	E			
	4									3	9	8	5	B	
A				5	8		4								
		0		7	E	D						1	F		

	A	9		0		B	8			3			2		
	B		8	C	9	1	A	E	7	4			D	F	5
			F	5	3						D				4
	2	E									F		1	0	
		A								5		D	9	1	
			2			0	1	C		F		5			
4				6	7	5	C	D							
				D	2							4			
					9	B			0	5	F				E
E	3	F	A					4			1				
	D			7	C			E	A	2			8		
								B					A	C	
A	4			F	0							E		5	
0					E				F			7	B	2	
		8	1	3	4	2		9	D	7		6		A	F
	5		9			C					8		3		1

4	B		2			8			3	A	7	9			
6	8	A			7				4						3
					2	F							6	A	7
		E		0			A				F			C	4
A	4						E		7			B	8	0	
			3		1	A		D		C	E	7			5
D	C		9	7		4	0	2							
		1	8	F		9	3					A			
							1		5				3	4	B
	2		0	8	A			6						7	9
	3						B								
		6		5	C	D	2			3		0			
1	6	8	4	3	2	B	7	9	C		5	F			
	5		F	E	9		8		A		2	4		B	
	7	9	E		D			4		6		3		1	
C		0				F		3				6		D	2

0		2									A		1		
								0				A	B		F
6	A	7	B					F			9		E	8	C
				D		3		6	4		1			2	0
		1	A	7		9	B	E	C	3	F	D	5		
5				D	3	F			8		4	E	6	0	9
	3		F					9							
8	4	6		1	0	E		5	2			F		7	
7			3	C	1					0				B	
				8								4			
	1		E	9	7			B		A	8		0		
			6		A			3			2	5	8		1
					8			C							3
	7	B	6	F				D	A	9					
	9			5		7	8			B	0				4
1	F	3		4				E						C	D

C						4	8	1				7			
8			0	6	B		9		C						
D		A	B	C	E				4	5			1		
					F		A							3	
		8	3			1				9		2	7		D
6	7	4	F		5				E	C		9			
		2					F	B							1
9		D	C	3	A	E					2	F		B	8
A	D	9			2	0		8	F	3		E		C	
7	5				C	A					E	6	3		4
B	3			F	8					1		5		A	
				1	4		3								
5		C	9	0	F		4	E	3	8	A		2		
			D			6	5					8			
			2	B								3	D		0
		B		E		C	1	7	D			4	6	9	5

9	1					D	0			F			3		
	C	A				6		9				F	1	5	4
0	E			9	1	7				3			A		
B	D		3		A							C	7	9	
	0	2		6	5	9	4	7		D	E	1	F		C
A						C					6		D		
4		F		3		1	2	0			C				
7					B	8					F				
		8			C				0						5
5					0							6	4		
D				8			1		7						E
	9		C	4									2	3	7
		5		E		B								4	
8	A	D		2	9			5	E			4	7		
	7				F			C	8			3	6	1	2
C	F		4		7	3	D	A	6			B	8		

		D	1												
								D	F	3		7	B		5
	4	7						E	2				1		6
								B	A	8					
1		6	D	9		2	F				4	B			
	8	0	A		7			2	C	9			D		
	7		5				1								E
9		2	E		3	8			B		6				
4			0				A						F		D
		8		F			0	6		E					
F	E	A	9			D				3	0	1		5	
	1						6	A		7	5	4	0	C	2
2		1	C	5			7					3		6	
6					4				3		2	A	5	F	7
		9		A		0	2					D			B
		B		3				5	6	0	1			2	4

	C	E	D	6		2					9	0			7
F	5		A			9							4	1	
	B			E		C		0	7	3	D				
6					0			8	A		4		B		C
D		7								4	A			5	
				0	F						3		E		A
3				1	C	D									
						8				2	C	6	F	3	D
	6			5				E	D	0		1	2	A	4
4	0	8	C	A	E				F	B		3	9		
2			E	B	4	0		9	C	A	1	F	D		
1					6		2	7							0
	F				1	3	A				5	7	6		
	3	6						2			B				1
C				8				E				B	3		F
											F			2	8

4	7		E			B	A	1			D	5	6	9	3
9	A	2									6				
		F		D	7				4				2		
	3		1	2	8					0	F	D	4		
						8		F	1		E	7			
				F	C			7							
		3						0		2				8	E
E	6	8	F					D							9
D	F	A		7			8	2	E			C			
			2	A		6					C			1	
1			B	0	2	3				A	8		9		
0		9	6	1	4	C		5	B			A			2
			3								9	2			
		E						6	F	4				0	
B			C			9					7	6			
A	8	5		E			0	B	C			4			D

9			A	7	F					8	5	B	E		3
D	0	E	1	3	2				6						A
3		B		4		D						C			6
F	4				A			7	2				9		
				F		2		4	E			D		A	
	9		5						C	F		6	B	E	0
			B	C			9	A					8		
			4	6	7	E	B	9		D	8	1			2
		3					5	8		1			7		9
					E					C	B	F	1		
	C	7	8	2	9		1	3	4		D	5	0	6	B
	2	6	9		B			5							
7				E		8			2	0	4				C
				B		0	4			E			3	F	
	3			D	1	A									
					5						F	2			

	D									4					5
C	3	5		F	9	A	B	7	E	8	6				
7				E							2			F	3
4	8	A			D	2	0	F			5	1			
									A			9	1	D	0
2				4	8		6			9					
	1	E	B	2	F	D	C					8	3		
	F			A	1			C				5			B
5		1		C	2					B	3				F
			7	3	B			8			1				
	A		4				E		6		9		B		
E				8		1				5	C	7	A		
					C			4	D			6			
D	0	6	3	9	7	B		5	2						
1	2	F	C	D	E	6			8	7		4		0	
B	E											C			

			9	3			E	7	5		0				D
			1	4			B				E				
	F										9		2	E	A
A	0	E		8	2	9	7	1	C	F	B	3			
			B	C			A	6	4	0	F	7	1		5
	5			6			0					2	C	D	
1		F										6	9		B
	7				9	8					2	4			
				B		7	C						D		
B	D	1		E	5			8	4	A	9	F		3	C
	9		0			D	2					E			8
5	6	7		4		F			3			A			
												C	F		6
E	3	6						A	B	C	8		7	5	
	1	0	5	D			F								3
D	B			7					6	3					2

E			7			A				6		C		2	
B	1	9													
D		A				9					4	8			E
		0					6	9		E		7	D	F	1
C			A	B	4	5		6		2		9			
					3			7	0				B		F
8	3		D	C			E					0		6	
9	0	4	F	6				C				3		7	5
3		6					A			D	9		C		7
	C		E		8							D			
			B					8	5	F	4				2
		2	8									B			
		7	0	5	1	B		6					E	9	
2	5			A	C		8			1			3		0
		8		9	7			B			D	F			C
4	9			1	E	0		F			3	5	A		

A	9	F			B					E		1	C		
C	1	7				8						A		E	
			E			2	5		C	1			D		0
												6			
	A				7	4			9			8	1	2	3
0	D				5				3	1	2	F	4	B	E
1	7		4							0		C	9	A	
			6	C							A				
	4		A	7	9	B									C
3		B	0	D		5					7	2		4	
					6	A	1	C	4						
	F	1							0			7	E		9
		8		E		7				F	6	B			D
4	0			5		2	6		D	3		E			
7				1	0	3	C	9	5			4	8		
6		9			D	1	5	0	B				A		

8				1							4	3			F
5		E		3		0									7
0	D		9	F				C	5					6	
	1	3	F	B	D	9	4		6				5	8	
	2		D				8		0		B				
E		0			C			3		A		8	7		1
A		9					2		7						
		6	1	0				2	9						B
D	0	C	8	A	5			1				9	E	7	3
2					1			9							
				2	6	3		9					4		
	F		7		4							5	D	0	
	B	8				A						6			
4	6	A		E						1			9		
3	E	D	C	7		4	B	5	8	2				A	
			0		3	2	5	B	A	D					

	A								8	9			5	7	
			5	7				3	2						
0	4		8				3		1		5			2	D
		E		D		0	5						6		
6			D		5		E					2	A	1	4
A	3					F					7				
		0	7	B	8						6	3			
9	C	B	E			1	2			8	A				
			C		4		7						8		F
7	B			F	1			A		3	8		9	D	
		6	9	E	D	2				F		A	0		C
	2	F	A	5			6	C	0	1			7		
B				3	6		F		5		2			4	
8			6	C	A			4	9	0	B	D			
							D	F		7					B
5			F				4			E					

C	9	2			B	3	0	D	A		8		7		
			8		D		2	4			E				
	5	F	D	9						0				C	B
	3	A	7	E	8					6		4	5		D
7			B		0	A									
	F			4	7	8	B		2	3	D				6
2	C			F		D	9	6	0					4	
4			1								C				2
		0				1		F	A	5	6				
		3		6							4	1	A	2	E
F			B	C	2						D				9
		5						E	2						8
		B													
5											C				A
	6			2	4	A	E	9		B	8	3			
9				3			2		4	A	7	6			1

2	E		9	C	3		8	A	6						
							F					0			
	3		2	1	A	6		0	5	7	F	9	4		
	A														C
7	2									A	4	5	B		
1				7								8			3
				8			5	0	B		F		6	2	
		0			2				C			1	A		7
		6	1		E				9		5			3	B
A	1					7	C		2		B	4			
	5		B	6				C	8	3	A	9		D	
		E	8						4		0	C			
E		B	1								2		7		
	F			B	4	2									
				F	C	9	3					B	8		A
8	D	9	C	3				E				2			6

9	3	B		6	D			1	5		E	F			
7		8	0			F		B			3			4	6
		1			2			6	4	0	7			A	9
			A		3										1
	8				7	C		6					2		
		E	7	8			B	3	A	C					
					A		E								
2	D	3	F	E	1		6					5			0
	E			7			9			F	8		C	B	
0	6							9	C			3	7	F	8
8			1					D	0						
	9		2	F	C	E		4	1					6	5
5			9		1				B				8		E
	7			3	0	A							D		
	F	A	B			D	7					9			
			3			C	5								4

	7	F			6	1	8	E	9						
E	D	A	C	B			9			5			4		
					E	C	1			0				2	6
	0			2						D					
B	9	4	3	7	1				6	D			5		8
					3	6					9	A			7
1	C		5		A		0	4	F	2					3
D			8			2	5		E				F	0	B
2	E	3				5	7						D		
C		B			9		1			3	E				
F		D		A	B										4
	5	7	1	C		6			0				F		
	3			E	7	5				0	4		D		
A	6			F		8	D	3			5	4			
		5			4		2			8					
		E			9		1	F	A	7				3	

F			3	6	A		D	4							
		E			1			F		6					5
2	4	7	6			C	B		1						9
				3			4		A					7	
6			D		8						0	4	7		
	8	2			7	0		B	9	3		C	1		A
9	5	B		F					7				6	8	
			7	1		5		C		8	6	B	2	3	D
				A	B									D	1
B	9				2		E	3		C	5	F			
	7	8		3	F							6	C		
	A	5	1	D		6				4			B		
7		F		8	C	D					9				3
					2			C						0	
		3	B	0	4	A		2					9	1	
		D		E				A			1				

			7				9	6			C		D	1	
						F				3					
1	D	C		2	6		A	E			4			0	
				D	4					A		9	B	3	
			9					5			2				
	F	6				2	8		0	7	3				
	8	2	0					F	A						1
7	4	A			1	5	D		E	C	6				
				3	2			4	8				9		5
	5	7	8					9			B		E	4	
		1	F	E		9				D			C		
				8	B		4				5	7		A	6
B				0	A	6			9	2	1	3			
	3												1	C	B
		8		B	3	1	2	A	4	F	0	E	5	D	
5						D		8						2	0

7	5	8		F		9		A	B						
B	3	6		5		E		7		2			8		1
	A		E	B	2	C	1			D			5		F
	9			7				F		3					4
				6		4		5					0		
A	B	2	D						3	C				4	
5	C				A	7						2	6	3	
				E	B	8					2	5	A		
		1					C	2			3	E	F	5	0
2			8		9		0						C		
F	0	7			8					5				2	B
											E		3		
D		0	5			1	B			4			7	C	A
1	7		4	C	E	F	A	3	5			0			9
E		9			5			B	A	F					
			6	D				8	7	0		1	B	E	

			1			C		2	B		4		0	8	
								F				B	2	C	
5					1		A				D		E	F	9
B	8		7	5	9	2	4				3				
		0						D	C				4	2	7
		1				4				B	0	3			
4	A					5			9		6	F	1	8	
			E		7	3				A	0	5	B	9	6
	7	6	4	3		8	9	A				C	F		2
9				4			2		7		5	8	A		3
	2				6					1					E
3	B		0							2			6	5	D
2	E	D	F	9	3					6			8		B
0		5	3	A		6	E		D						F
		4											9		
				B							C				

	F	D			0				9	1			6		
			A	6			B	8				5		9	
C			1							F		7			E
				F			E	7	2	C	A	D			
3	D			8	B	4	5	A	E				C	6	
8			0	3	1	F	9					E		5	4
9				E			7	6				F		3	8
E	1			2		C	5				9				
6		0			9			4							2
B	9	4		8			6	2	F			C	7		A
				2	A			E				D	9		
	E					C		3		8		0			
	0	1	7	A		6	D								
		9	E		8				C			5	A	F	
F	A	8				0							4		
		B			4				8		2	C		0	

	A			5				C	2		9	0	D	F	
E	F		6						7		1	A			
	5			6			8	B	A						
		C			3			0		F	6	8			
	D	5	9	7			F		4	B	8	C	2	E	
			1	9											8
B	8			3	E	5	C	D		A					
	3	4	0		B						5	D			
2		6									3	9			
					6			9	5	4	A	B	E	1	F
3			4		D	F									
			5					7		D	C			4	
	1	D		A	C	4		F	8		B	E		2	
			F				7						0	8	
7	0		E	F			9			C	D	1		5	4
	4						B		9	E	7		A	3	C

A	B			1								C			3
		9		C			5		0	3	B	4	F	2	E
		3			A	9	E	C				1	5		
								8		F			0		B
		8	B								D		9	E	1
					0							7	2	A	8
9	A			7		4	F			E				5	
												6	3	4	D
B	7			E		A		D	5						
E	9			2	8	0		3	A	B					
5					3	1	B	7	F	6	4		E	0	2
6			D		5			2	9						
	C			D	9						1			B	
D	E	4								7		9	A	3	
							1	6	4	8					
		A	7	F	B	6			9					1	4

	D						C		0	A	7	9			
	7	E	1	5				6				F			
C		5	B		0		A	8		3	1	4	6		
2				4	9	F		B	C				D		
B		6	4		A	E				2		C			1
D			8		7		9	5		4					F
	1	7									0	2	8	4	3
3					8	4		1	9	E	B	D		0	
						B				F			3		
E							5	2	7		C			6	
			D	8		C						E		1	
			A	D			6				8				B
A						1					9				0
	E				F	9	4								
				0	2	3								5	
		3	9					A	6	0	2	7	E		D

	A				F	7									
8					4					7			5	F	
				1	A	8		0	5			C	2		6
	1								9					A	
4			0	3				1					E	9	
	8	C	1	2	6					5	0	D		4	
6			A		5				4						
	7	2	3	F		E		6		C		1			A
2	4						0	C		F	1	E			
					B				0					D	
C		0				2	F	7		E	A	B		3	5
E	6		9		C		3	B				2			
							B		A	9	2	0	8	E	C
		D	6	0	E	3			F			5			
				D	2	1	C	5		6					B
					F										9

4		6	7	3			9	B			C				2
												D			
			D		B	4		5						C	6
C	D	A	8	F	0			9	2		E				
9			4					F	D	3			6		5
7			5			A		2				3	B	0	1
B	1	E	0				3			6	7	8			
	8				6	2	4			5	9				
8				A				9							
6	3		F	2				7	0				1		
		B		5		0		D				F		7	
D					F	1	8	4				2	5		
F		9	B	C				A	6	8		7			
				E	B	9			C		2			D	
				8	6				7	9					B
3	0	2	C	1	D					5		6			F

Solutions

Solutions

1 Elementary

F	3	E	A	1	4	6	C	2	9	5	D	7	8	B	0
0	1	6	2	E	7	D	5	B	3	C	8	4	A	F	9
4	8	D	9	B	3	A	F	7	0	E	1	6	2	C	5
5	C	B	7	0	9	2	8	F	4	6	A	D	3	1	E
D	4	1	5	F	B	3	E	0	2	A	7	8	9	6	C
6	7	8	3	9	2	4	0	C	B	1	E	A	D	5	F
2	A	F	B	5	C	1	6	D	8	3	9	E	0	7	4
C	E	9	0	D	8	7	A	5	6	4	F	B	1	2	3
9	B	2	6	8	5	C	D	1	F	0	4	3	E	A	7
1	D	3	F	7	A	0	9	6	E	B	C	2	5	4	8
8	5	7	C	4	6	E	2	A	D	9	3	1	F	0	B
E	0	A	4	3	1	F	B	8	7	2	5	9	C	D	6
7	F	5	D	C	E	B	3	4	A	8	2	0	6	9	1
3	6	4	1	2	D	8	7	9	C	F	0	5	B	E	A
B	9	0	E	A	F	5	4	3	1	D	6	C	7	8	2
A	2	C	8	6	0	9	1	E	5	7	B	F	4	3	D

2 Elementary

B	6	3	1	8	5	9	2	D	F	7	A	4	C	E	0
0	2	8	5	E	F	1	3	B	4	6	C	7	9	A	D
A	F	C	E	B	7	4	D	2	0	3	9	1	5	8	6
4	7	9	D	A	0	C	6	E	5	8	1	B	2	F	3
6	C	D	3	0	8	2	5	9	E	F	B	A	1	7	4
2	1	5	4	C	9	3	E	6	7	A	8	F	0	D	B
9	A	E	7	1	B	F	4	0	D	C	3	6	8	5	2
8	0	F	B	7	D	6	A	1	2	5	4	3	E	C	9
D	E	1	F	9	C	0	7	5	6	B	2	8	4	3	A
7	4	2	8	6	3	5	1	F	A	9	D	E	B	0	C
C	9	B	0	4	2	A	F	3	8	E	7	D	6	1	5
3	5	A	6	D	E	8	B	4	C	1	0	2	F	9	7
F	B	7	A	2	6	D	C	8	1	0	5	9	3	4	E
5	8	6	C	3	1	7	9	A	B	4	E	0	D	2	F
1	D	4	9	F	A	E	0	C	3	2	6	5	7	B	8
E	3	0	2	5	4	B	8	7	9	D	F	C	A	6	1

3 Elementary

8	F	3	A	9	4	5	B	D	2	C	6	0	E	1	7
1	6	E	2	F	7	3	D	0	5	4	8	B	9	A	C
0	B	C	D	6	8	E	1	9	7	A	3	2	F	5	4
7	9	5	4	2	C	A	0	F	B	1	E	D	8	6	3
5	A	9	E	4	B	0	7	C	6	D	F	8	3	2	1
F	2	0	7	1	6	8	E	3	A	B	9	C	5	4	D
6	8	B	C	5	A	D	3	E	1	2	4	9	7	0	F
3	4	D	1	C	9	F	2	7	8	5	0	E	A	B	6
B	7	4	0	8	2	1	6	A	9	F	5	3	D	C	E
C	E	F	8	B	5	9	A	2	3	6	D	1	4	7	0
D	3	2	5	0	E	C	F	8	4	7	1	A	6	9	B
A	1	6	9	3	D	7	4	B	E	0	C	5	2	F	8
E	D	A	6	7	F	B	C	5	0	3	2	4	1	8	9
9	C	8	B	A	1	6	5	4	D	E	7	F	0	3	2
2	0	1	F	D	3	4	9	6	C	8	A	7	B	E	5
4	5	7	3	E	0	2	8	1	F	9	B	6	C	D	A

4 Elementary

D	E	9	F	A	1	5	0	C	B	8	4	7	2	3	6
1	2	6	4	B	C	9	E	3	D	5	7	0	A	8	F
B	A	0	8	3	7	6	4	2	1	E	F	C	D	9	5
5	C	3	7	D	F	8	2	A	0	9	6	1	E	4	B
E	9	F	3	1	A	7	C	B	6	D	0	4	8	5	2
4	1	8	A	2	6	0	3	7	5	F	9	B	C	E	D
C	5	D	2	9	8	E	B	4	3	A	1	6	F	7	0
6	0	7	B	5	4	D	F	E	8	C	2	9	1	A	3
0	B	2	9	8	D	3	6	5	E	7	A	F	4	1	C
3	4	A	D	C	B	1	5	0	F	2	8	E	9	6	7
8	6	C	5	7	E	F	9	D	4	1	B	2	3	0	A
F	7	E	1	4	0	2	A	6	9	3	C	5	B	D	8
A	D	5	0	F	3	B	7	1	C	4	E	8	6	2	9
7	3	4	C	6	9	A	1	8	2	B	5	D	0	F	E
9	8	1	6	E	2	C	D	F	7	0	3	A	5	B	4
2	F	B	E	0	5	4	8	9	A	6	D	3	7	C	1

Solutions

5 Elementary

0	4	A	3	C	8	F	2	E	6	1	D	9	B	5	7
5	1	9	8	3	B	D	E	0	A	7	2	4	C	F	6
E	7	D	6	0	4	9	A	B	5	C	F	2	3	8	1
2	F	C	B	5	1	6	7	8	4	3	9	0	E	A	D
D	6	B	0	1	7	C	3	F	8	9	5	E	4	2	A
9	2	E	F	4	5	B	8	A	D	0	6	7	1	C	3
7	C	3	5	A	D	0	6	2	1	4	E	F	8	B	9
A	8	4	1	F	E	2	9	3	C	B	7	5	6	D	0
F	D	0	2	8	3	4	C	9	7	6	1	A	5	E	B
3	A	1	4	2	9	7	D	5	B	E	0	C	F	6	8
B	9	6	C	E	F	5	0	4	3	A	8	D	7	1	2
8	5	7	E	6	A	1	B	D	2	F	C	3	9	0	4
C	0	2	9	B	6	A	5	7	E	8	3	1	D	4	F
1	3	8	D	7	C	E	4	6	F	2	A	B	0	9	5
4	E	5	7	9	2	8	F	1	0	D	B	6	A	3	C
6	B	F	A	D	0	3	1	C	9	5	4	8	2	7	E

6 Elementary

3	C	5	B	9	A	8	6	D	4	E	1	2	7	F	0
E	9	D	6	C	0	5	F	B	2	A	7	3	8	1	4
2	0	8	1	4	7	D	B	9	C	F	3	E	6	A	5
F	A	4	7	3	E	2	1	5	8	0	6	C	9	B	D
4	3	0	C	D	2	F	8	1	7	6	5	A	B	9	E
5	1	9	2	7	C	B	A	F	E	D	8	0	4	6	3
6	F	A	D	1	9	0	E	3	B	4	2	5	C	7	8
B	8	7	E	6	5	3	4	A	0	C	9	F	1	D	2
A	E	B	F	5	6	1	2	C	3	9	4	D	0	8	7
9	6	C	0	8	4	7	D	2	5	1	A	B	3	E	F
D	7	1	5	E	3	A	0	6	F	8	B	4	2	C	9
8	4	2	3	B	F	C	9	0	D	7	E	6	A	5	1
7	D	6	A	0	1	4	5	E	9	3	C	8	F	2	B
1	5	F	9	2	8	E	C	4	A	B	0	7	D	3	6
0	B	E	8	A	D	9	3	7	6	2	F	1	5	4	C
C	2	3	4	F	B	6	7	8	1	5	D	9	E	0	A

7 Elementary

F	C	4	9	3	7	E	2	0	A	6	B	8	D	1	5
D	B	A	E	5	C	4	9	3	1	7	8	0	2	6	F
2	6	1	5	B	A	8	0	9	4	F	D	3	E	7	C
3	8	0	7	F	6	D	1	2	C	5	E	B	A	9	4
B	2	9	6	1	4	F	3	D	0	E	C	7	5	A	8
C	3	7	4	D	8	0	E	A	2	1	5	6	9	F	B
E	A	F	D	6	5	C	B	7	3	8	9	2	1	4	0
8	1	5	0	2	9	7	A	6	F	B	4	D	C	E	3
4	F	3	A	9	2	B	8	1	6	C	7	E	0	5	D
6	7	E	C	0	F	5	4	8	B	D	A	9	3	2	1
5	D	2	8	7	E	1	6	4	9	0	3	F	B	C	A
9	0	B	1	A	D	3	C	5	E	2	F	4	6	8	7
1	E	D	F	C	0	9	7	B	8	A	2	5	4	3	6
7	9	6	B	8	3	2	5	C	D	4	1	A	F	0	E
A	5	C	3	4	B	6	F	E	7	9	0	1	8	D	2
0	4	8	2	E	1	A	D	F	5	3	6	C	7	B	9

8 Elementary

A	6	C	8	4	5	9	0	2	3	D	F	1	7	E	B
0	B	9	7	A	D	2	6	8	1	E	4	3	C	F	5
4	F	D	3	1	8	B	E	5	C	7	A	6	9	2	0
1	2	E	5	7	C	F	3	6	B	0	9	4	A	D	8
3	4	6	9	2	7	E	5	B	8	1	0	F	D	A	C
F	7	0	D	6	A	1	4	9	E	C	2	B	8	5	3
C	5	2	A	D	B	8	F	7	4	6	3	9	1	0	E
E	1	8	B	3	0	C	9	A	D	F	5	7	2	6	4
D	C	7	6	5	1	4	2	0	9	A	B	E	3	8	F
5	9	B	0	8	3	7	A	D	F	4	E	2	6	C	1
2	E	A	4	F	6	0	C	3	7	8	1	D	5	B	9
8	3	1	F	E	9	D	B	C	2	5	6	A	0	4	7
6	8	5	2	B	F	3	7	E	0	9	D	C	4	1	A
9	A	F	C	0	E	5	1	4	6	2	7	8	B	3	D
7	0	3	E	C	4	6	D	1	A	B	8	5	F	9	2
B	D	4	1	9	2	A	8	F	5	3	C	0	E	7	6

Solutions

9 Elementary

8	0	D	A	3	F	5	1	4	6	E	2	9	7	C	B
3	F	6	9	0	D	C	4	7	A	8	B	1	2	E	5
B	2	4	5	9	7	A	E	0	D	1	C	6	F	8	3
7	C	1	E	2	B	6	8	F	9	5	3	D	4	0	A
4	B	7	6	A	9	8	F	1	C	0	D	E	5	3	2
A	5	8	1	4	0	B	C	E	3	2	7	F	D	6	9
F	E	0	2	6	3	1	D	A	8	9	5	4	B	7	C
D	3	9	C	7	5	E	2	B	F	4	6	8	A	1	0
C	A	3	F	5	4	0	6	9	2	D	1	7	E	B	8
0	9	2	4	E	1	3	7	6	5	B	8	A	C	F	D
6	8	E	7	B	2	D	A	C	0	F	4	3	9	5	1
1	D	5	B	C	8	F	9	3	7	A	E	0	6	2	4
9	7	C	D	F	A	2	5	8	E	3	0	B	1	4	6
2	4	A	0	1	6	7	3	D	B	C	F	5	8	9	E
E	6	B	8	D	C	4	0	5	1	7	9	2	3	A	F
5	1	F	3	8	E	9	B	2	4	6	A	C	0	D	7

10 Elementary

6	5	F	2	3	0	8	9	7	A	4	1	E	C	B	D
D	B	3	7	2	4	E	6	F	5	C	8	9	A	1	0
9	8	0	1	A	5	D	C	2	E	3	B	6	F	4	7
A	4	E	C	7	1	B	F	9	6	0	D	2	3	8	5
C	E	9	A	F	7	3	4	1	0	B	2	D	6	5	8
5	2	D	6	0	8	C	B	3	F	E	A	1	7	9	4
7	0	4	8	1	E	9	A	5	C	D	6	B	2	3	F
1	3	B	F	D	6	5	2	4	7	8	9	A	0	C	E
0	F	8	D	9	A	1	E	C	B	7	3	4	5	2	6
2	9	C	4	5	B	6	D	A	8	F	0	3	E	7	1
B	7	1	5	8	F	0	3	6	4	2	E	C	9	D	A
3	A	6	E	C	2	4	7	D	1	9	5	0	8	F	B
F	6	2	3	E	D	A	5	B	9	1	7	8	4	0	C
8	D	7	0	4	C	2	1	E	3	6	F	5	B	A	9
4	1	5	B	6	9	F	8	0	2	A	C	7	D	E	3
E	C	A	9	B	3	7	0	8	D	5	4	F	1	6	2

11 Elementary

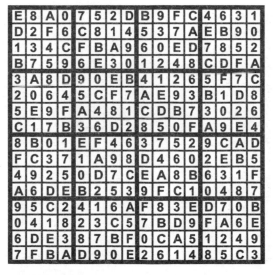

A	F	0	5	D	2	9	B	1	E	C	7	8	4	3	6
3	D	8	7	A	5	6	4	9	F	B	2	0	E	C	1
6	1	E	9	8	F	C	0	D	4	5	3	A	2	7	B
B	2	4	C	3	7	E	1	0	A	6	8	5	D	9	F
0	8	9	A	2	6	B	E	3	D	F	1	7	C	5	4
E	C	7	3	0	1	5	A	6	8	4	9	B	F	D	2
F	B	6	D	7	4	8	9	5	C	2	0	3	1	A	E
2	4	5	1	C	D	3	F	B	7	E	A	6	8	0	9
9	6	3	B	F	C	4	7	2	5	1	D	E	0	8	A
8	7	2	E	5	A	D	6	C	9	0	4	F	B	1	3
D	0	C	4	B	E	1	8	A	3	7	F	9	6	2	5
1	5	A	F	9	0	2	3	E	B	8	6	D	7	4	C
5	A	F	6	E	8	0	2	7	1	9	C	4	3	B	D
4	9	D	0	1	B	A	C	8	6	3	E	2	5	F	7
C	E	B	2	4	3	7	D	F	0	A	5	1	9	6	8
7	3	1	8	6	9	F	5	4	2	D	B	C	A	E	0

12 Elementary

E	8	A	0	7	5	2	D	B	9	F	C	4	6	3	1
D	2	F	6	C	8	1	4	5	3	7	A	E	B	9	0
1	3	4	C	F	B	A	9	6	0	E	D	7	8	5	2
B	7	5	9	6	E	3	0	1	2	4	8	C	D	F	A
3	A	8	D	9	0	E	B	4	1	2	6	5	F	7	C
2	0	6	4	5	C	F	7	A	E	9	3	B	1	D	8
5	E	9	F	A	4	8	1	C	D	B	7	3	0	2	6
C	1	7	B	3	6	D	2	8	5	0	F	A	9	E	4
8	B	0	1	E	F	4	6	3	7	5	2	9	C	A	D
F	C	3	7	1	A	9	8	D	4	6	0	2	E	B	5
4	9	2	5	0	D	7	C	E	A	8	B	6	3	1	F
A	6	D	E	B	2	5	3	9	F	C	1	0	4	8	7
9	5	C	2	4	1	6	A	F	8	3	E	D	7	0	B
0	4	1	8	2	3	C	5	7	B	D	9	F	A	6	E
6	D	E	3	8	7	B	F	0	C	A	5	1	2	4	9
7	F	B	A	D	9	0	E	2	6	1	4	8	5	C	3

Solutions

13 Elementary

0	2	B	D	1	E	3	F	C	A	7	5	8	9	4	6
5	C	E	9	6	0	A	D	4	8	F	1	3	2	B	7
1	4	6	3	8	C	5	7	B	0	2	9	A	E	D	F
7	A	8	F	B	9	2	4	E	6	D	3	0	5	C	1
E	D	A	C	4	6	7	1	9	F	B	2	5	8	3	0
3	8	9	B	2	F	E	5	6	7	4	0	D	A	1	C
4	0	F	7	D	3	8	C	1	5	E	A	9	6	2	B
6	1	5	2	0	A	B	9	3	D	C	8	E	7	F	4
2	7	1	5	C	D	6	A	F	9	0	E	B	4	8	3
F	B	C	8	5	4	9	E	7	3	6	D	2	1	0	A
D	E	0	A	3	8	F	B	5	2	1	4	7	C	6	9
9	3	4	6	7	2	1	0	8	C	A	B	F	D	5	E
B	F	D	4	9	1	C	3	2	E	8	7	6	0	A	5
A	9	2	1	E	5	4	8	0	B	3	6	C	F	7	D
C	6	3	E	A	7	0	2	D	1	5	F	4	B	9	8
8	5	7	0	F	B	D	6	A	4	9	C	1	3	E	2

14 Elementary

6	4	0	1	3	5	A	F	C	D	E	9	8	2	B	7
B	F	2	9	E	0	1	6	5	8	7	3	D	A	4	C
7	8	C	E	D	B	2	9	6	0	4	A	3	F	1	5
D	A	3	5	7	8	C	4	1	F	2	B	0	9	6	E
5	6	8	A	4	3	9	1	D	7	C	F	2	E	0	B
3	2	1	B	C	7	F	5	0	E	9	4	6	8	A	D
C	E	F	0	8	6	D	A	B	3	5	2	4	1	7	9
9	7	4	D	0	2	B	E	8	A	1	6	F	5	C	3
2	0	6	8	9	D	E	7	4	C	F	1	B	3	5	A
A	5	B	4	2	1	6	0	E	9	3	D	7	C	8	F
1	9	7	C	B	F	8	3	A	2	6	5	E	0	D	4
E	3	D	F	5	A	4	C	7	B	8	0	1	6	9	2
F	1	E	2	6	4	7	8	9	5	D	C	A	B	3	0
4	C	5	3	A	E	0	D	2	6	B	8	9	7	F	1
8	D	A	7	F	9	5	B	3	1	0	E	C	4	2	6
0	B	9	6	1	C	3	2	F	4	A	7	5	D	E	8

15 Elementary

C	3	5	D	E	A	4	1	F	2	7	8	6	B	0	9
2	0	6	7	F	B	D	8	4	9	3	C	E	1	5	A
B	E	8	4	9	0	7	C	5	6	A	1	D	3	F	2
1	9	F	A	2	6	3	5	0	E	D	B	C	8	4	7
4	8	2	1	3	9	B	6	7	F	C	A	5	D	E	0
5	F	B	3	0	7	E	2	D	8	6	9	4	C	A	1
A	D	7	0	1	C	8	4	2	3	E	5	B	F	9	6
6	C	E	9	D	F	5	A	1	4	B	0	3	2	7	8
8	2	9	C	6	1	A	F	B	5	4	D	0	7	3	E
0	7	3	E	5	8	9	D	C	1	F	2	A	4	6	B
D	A	4	5	B	E	C	3	8	7	0	6	2	9	1	F
F	B	1	6	4	2	0	7	3	A	9	E	8	5	C	D
9	5	A	B	8	D	F	E	6	C	1	3	7	0	2	4
3	6	D	8	C	4	1	9	E	0	2	7	F	A	B	5
E	1	C	F	7	5	2	0	A	B	8	4	9	6	D	3
7	4	0	2	A	3	6	B	9	D	5	F	1	E	8	C

16 Elementary

E	F	A	6	B	0	D	7	2	C	5	3	9	1	8	4
5	2	4	C	A	1	E	3	6	8	7	9	F	0	B	D
0	9	B	7	4	8	F	C	D	1	E	A	6	3	2	5
3	1	D	8	9	2	6	5	0	B	F	4	E	7	C	A
A	8	9	1	E	7	0	B	F	5	D	6	4	C	3	2
6	0	F	5	3	C	9	A	4	2	B	7	8	D	E	1
4	3	E	2	D	5	8	6	1	9	A	C	7	F	0	B
C	B	7	D	2	F	1	4	3	0	8	E	A	5	6	9
D	4	5	B	7	6	2	E	8	A	C	0	1	9	F	3
F	C	2	9	0	A	3	8	5	7	4	1	B	6	D	E
1	7	3	E	5	9	4	D	B	6	2	F	C	8	A	0
8	A	6	0	F	B	C	1	E	3	9	D	5	2	4	7
2	D	C	3	8	E	5	9	A	F	1	B	0	4	7	6
9	6	0	F	1	4	B	2	7	E	3	8	D	A	5	C
B	5	8	A	C	D	7	0	9	4	6	2	3	E	1	F
7	E	1	4	6	3	A	F	C	D	0	5	2	B	9	8

Solutions

17 Elementary

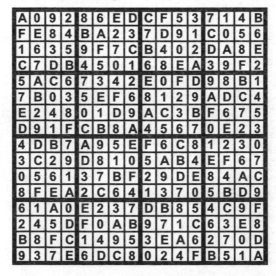

4	F	C	1	E	8	3	0	A	5	7	9	6	B	D	2
A	5	E	7	9	F	2	D	B	C	3	6	4	1	0	8
3	D	9	2	B	4	C	6	8	0	E	1	A	F	7	5
0	8	6	B	5	7	1	A	4	D	F	2	E	3	C	9
2	9	A	D	C	5	7	F	E	3	6	8	B	0	4	1
6	4	8	E	3	B	0	1	2	9	5	A	D	7	F	C
F	C	1	0	8	2	9	E	7	B	4	D	3	6	5	A
B	7	3	5	A	6	D	4	0	F	1	C	8	9	2	E
C	A	D	6	4	9	E	3	F	2	B	7	5	8	1	0
1	2	F	9	7	A	B	5	6	8	0	E	C	4	3	D
7	3	5	8	0	1	F	2	D	A	C	4	9	E	6	B
E	B	0	4	6	D	8	C	3	1	9	5	F	2	A	7
5	E	2	A	D	0	6	9	1	4	8	F	7	C	B	3
8	1	4	3	F	E	5	B	C	7	D	0	2	A	9	6
9	6	B	F	1	C	A	7	5	E	2	3	0	D	8	4
D	0	7	C	2	3	4	8	9	6	A	B	1	5	E	F

18 Elementary

A	0	9	2	8	6	E	D	C	F	5	3	7	1	4	B
F	E	8	4	B	A	2	3	7	D	9	1	C	0	5	6
1	6	3	5	9	F	7	C	B	4	0	2	D	A	8	E
C	7	D	B	4	5	0	1	6	8	E	A	3	9	F	2
5	A	C	6	7	3	4	2	E	0	F	D	9	8	B	1
7	B	0	3	5	E	F	6	8	1	2	9	A	D	C	4
E	2	4	8	0	1	D	9	A	C	3	B	F	6	7	5
D	9	1	F	C	B	8	A	4	5	6	7	0	E	2	3
4	D	B	7	A	9	5	E	F	6	C	8	1	2	3	0
3	C	2	9	D	8	1	0	5	A	B	4	E	F	6	7
0	5	6	1	3	7	B	F	2	9	D	E	8	4	A	C
8	F	E	A	2	C	6	4	1	3	7	0	5	B	D	9
6	1	A	0	E	2	3	7	D	B	8	5	4	C	9	F
2	4	5	D	F	0	A	B	9	7	1	C	6	3	E	8
B	8	F	C	1	4	9	5	3	E	A	6	2	7	0	D
9	3	7	E	6	D	C	8	0	2	4	F	B	5	1	A

19 Elementary

2	E	0	C	4	D	1	8	F	5	B	3	7	A	6	9
5	3	F	1	E	0	6	A	9	4	7	8	B	2	C	D
4	6	D	9	B	F	5	7	2	A	E	C	1	0	8	3
B	7	8	A	9	C	2	3	6	1	0	D	4	F	5	E
1	2	5	6	3	9	7	E	C	F	4	B	D	8	A	0
7	F	4	0	6	B	8	2	5	3	D	A	E	1	9	C
D	B	C	3	5	A	0	4	8	9	1	E	2	6	7	F
9	A	E	8	F	1	C	D	0	7	2	6	5	3	B	4
F	1	2	7	8	4	9	B	D	6	3	5	0	C	E	A
6	C	3	D	2	5	F	0	7	E	A	1	8	9	4	B
0	4	A	5	D	3	E	C	B	8	F	9	6	7	2	1
8	9	B	E	7	6	A	1	4	2	C	0	F	D	3	5
3	D	6	F	0	8	B	9	E	C	5	2	A	4	1	7
C	5	1	B	A	7	4	6	3	D	8	F	9	E	0	2
A	8	7	2	C	E	D	5	1	0	9	4	3	B	F	6
E	0	9	4	1	2	3	F	A	B	6	7	C	5	D	8

20 Elementary

1	B	4	E	0	9	A	D	3	F	C	8	7	5	6	2
6	F	8	A	B	E	1	3	D	7	5	2	9	C	4	0
7	0	D	5	8	C	2	4	6	E	9	1	3	F	B	A
3	2	9	C	7	F	5	6	0	B	4	A	D	E	8	1
2	A	0	9	C	4	F	1	B	D	6	E	8	7	3	5
5	3	1	D	6	B	9	2	4	A	8	7	E	0	F	C
C	E	7	6	A	D	0	8	5	2	F	3	4	B	1	9
B	4	F	8	3	5	7	E	C	1	0	9	2	D	A	6
4	6	B	1	5	7	8	0	2	9	D	C	F	A	E	3
9	7	2	3	D	1	C	F	A	4	E	0	6	8	5	B
D	C	5	F	E	6	3	A	1	8	7	B	0	9	2	4
E	8	A	0	9	2	4	B	F	6	3	5	C	1	D	7
8	D	C	7	2	A	B	9	E	3	1	6	5	4	0	F
0	1	6	2	F	8	E	5	9	C	B	4	A	3	7	D
F	9	3	B	4	0	6	7	8	5	A	D	1	2	C	E
A	5	E	4	1	3	D	C	7	0	2	F	B	6	9	8

Solutions

21 Intermediate

3	2	9	A	8	4	B	7	0	1	C	5	6	E	F	D
E	6	F	5	9	1	C	D	8	2	7	4	A	0	B	3
7	0	1	C	A	F	5	E	D	6	3	B	2	9	4	8
B	4	D	8	2	6	3	0	E	A	9	F	1	7	C	5
A	E	7	F	3	B	D	4	9	5	2	8	0	C	1	6
D	3	4	6	C	8	A	5	7	E	1	0	B	F	2	9
2	5	B	0	1	9	7	F	4	C	6	D	E	8	3	A
8	1	C	9	6	E	0	2	B	3	F	A	5	4	D	7
C	A	3	4	D	0	1	B	5	F	8	6	9	2	7	E
9	D	2	1	F	5	4	8	C	0	E	7	3	6	A	B
5	8	6	E	7	2	9	3	A	B	4	1	F	D	0	C
F	7	0	B	E	C	6	A	3	9	D	2	8	1	5	4
0	F	8	7	B	A	E	1	6	D	5	C	4	3	9	2
4	9	5	D	0	3	F	C	2	8	A	E	7	B	6	1
1	C	E	3	5	7	2	6	F	4	B	9	D	A	8	0
6	B	A	2	4	D	8	9	1	7	0	3	C	5	E	F

22 Intermediate

3	7	6	A	1	D	9	2	8	B	0	5	F	4	E	C
F	B	4	0	3	6	5	E	C	7	9	A	D	8	1	2
E	9	5	D	C	0	F	8	2	4	1	6	B	A	3	7
2	1	C	8	B	7	A	4	D	E	F	3	0	5	6	9
7	6	8	E	0	5	1	B	9	A	2	F	3	C	4	D
4	0	9	F	8	3	2	C	7	1	B	D	A	E	5	6
A	D	3	B	E	F	6	9	5	0	4	C	1	2	7	8
5	C	1	2	A	4	7	D	6	3	8	E	9	0	B	F
6	A	B	3	2	E	8	7	1	F	C	4	5	D	9	0
1	4	0	7	9	C	3	6	B	D	5	2	8	F	A	E
9	2	E	5	F	B	D	1	A	8	7	0	6	3	C	4
8	F	D	C	5	A	4	0	E	6	3	9	7	1	2	B
0	5	A	4	D	9	C	3	F	2	6	B	E	7	8	1
B	E	7	6	4	1	0	A	3	C	D	8	2	9	F	5
C	8	F	1	6	2	E	5	0	9	A	7	4	B	D	3
D	3	2	9	7	8	B	F	4	5	E	1	C	6	0	A

23 Intermediate

F	C	D	A	E	3	4	0	2	9	5	8	7	6	1	B
B	8	7	0	A	9	2	6	4	1	D	3	C	5	E	F
E	2	1	4	5	8	D	F	C	6	7	B	A	0	3	9
6	9	5	3	1	B	7	C	A	0	E	F	D	4	8	2
3	B	2	7	0	A	1	8	9	4	F	C	5	E	D	6
1	0	9	D	4	6	3	E	5	8	B	7	F	A	2	C
C	F	A	8	7	D	5	9	6	2	0	E	B	1	4	3
5	4	6	E	F	C	B	2	3	D	1	A	8	7	9	0
A	D	C	2	B	E	0	3	7	F	4	1	6	9	5	8
4	1	E	9	C	7	F	5	8	B	6	D	2	3	0	A
0	5	8	B	D	2	6	A	E	3	C	9	4	F	7	1
7	3	F	6	9	1	8	4	0	A	2	5	E	B	C	D
8	7	0	1	2	4	9	B	D	5	A	6	3	C	F	E
2	A	3	C	6	F	E	D	1	7	9	4	0	8	B	5
D	6	4	F	8	5	C	1	B	E	3	0	9	2	A	7
9	E	B	5	3	0	A	7	F	C	8	2	1	D	6	4

24 Intermediate

7	9	D	A	B	C	0	5	1	8	2	E	3	6	F	4
3	F	0	4	8	D	2	1	6	C	7	B	A	9	5	E
C	1	6	B	3	E	9	A	5	D	F	4	7	8	2	0
5	E	2	8	6	7	F	4	3	A	0	9	1	D	B	C
8	D	3	0	A	F	5	E	9	4	C	2	6	B	1	7
F	C	E	7	2	9	6	D	8	B	A	1	0	5	4	3
B	5	A	1	0	3	4	C	F	7	6	D	8	E	9	2
4	6	9	2	1	8	7	B	0	E	5	3	C	A	D	F
D	B	8	3	F	5	1	0	C	6	4	A	E	2	7	9
9	A	1	6	C	2	E	8	7	3	D	5	F	4	0	B
0	7	4	F	D	6	B	9	E	2	1	8	5	C	3	A
E	2	C	5	4	A	3	7	B	0	9	F	D	1	6	8
1	8	F	D	5	0	A	3	4	9	B	C	2	7	E	6
2	4	B	E	7	1	C	6	A	5	3	0	9	F	8	D
A	0	7	9	E	B	D	F	2	1	8	6	4	3	C	5
6	3	5	C	9	4	8	2	D	F	E	7	B	0	A	1

Solutions

25 Intermediate

C	D	2	3	A	4	8	5	1	F	0	B	7	E	9	6
5	0	F	E	3	2	1	9	C	6	7	4	8	B	D	A
A	9	8	4	7	B	0	6	E	3	D	2	C	5	F	1
B	7	6	1	C	F	E	D	8	A	5	9	4	2	3	0
0	3	4	7	1	D	2	B	9	8	E	C	5	A	6	F
F	5	C	D	E	8	9	0	A	2	6	1	3	7	4	B
2	A	9	6	5	C	F	4	7	B	3	0	1	D	E	8
8	E	1	B	6	3	A	7	F	5	4	D	0	C	2	9
4	1	D	F	2	5	B	A	3	0	9	E	6	8	7	C
6	2	B	5	8	7	C	E	D	4	F	A	9	1	0	3
3	8	A	0	4	9	6	1	2	7	C	5	D	F	B	E
7	C	E	9	F	0	D	3	B	1	8	6	2	4	A	5
1	6	0	C	B	E	4	F	5	9	2	7	A	3	8	D
E	B	7	2	9	A	5	8	6	D	1	3	F	0	C	4
D	F	5	A	0	6	3	2	4	C	B	8	E	9	1	7
9	4	3	8	D	1	7	C	0	E	A	F	B	6	5	2

26 Intermediate

5	7	9	B	4	6	8	E	1	2	0	C	F	D	3	A
F	2	3	6	7	C	D	B	5	E	4	A	9	8	1	0
0	1	4	C	A	2	9	F	D	7	8	3	5	E	B	6
D	A	E	8	3	1	0	5	B	9	F	6	7	2	4	C
2	C	1	9	0	F	E	4	6	8	3	7	B	5	A	D
E	0	5	3	6	A	2	9	F	1	D	B	4	C	7	8
7	4	6	A	B	D	C	8	2	5	9	E	1	F	0	3
8	F	B	D	1	5	3	7	A	4	C	0	E	6	2	9
C	3	0	1	5	7	B	2	8	F	6	D	A	4	9	E
A	E	D	2	F	8	6	3	4	B	7	9	C	0	5	1
B	5	8	F	9	0	4	1	C	A	E	2	D	3	6	7
9	6	7	4	C	E	A	D	0	3	5	1	8	B	F	2
3	D	2	0	E	4	1	A	7	C	B	5	6	9	8	F
6	B	F	7	2	9	5	C	E	0	A	8	3	1	D	4
4	8	C	5	D	3	7	0	9	6	1	F	2	A	E	B
1	9	A	E	8	B	F	6	3	D	2	4	0	7	C	5

Solutions

27 Intermediate

A	B	0	F	E	6	D	5	4	9	1	3	7	8	C	2
5	4	3	2	A	C	8	F	D	6	0	7	E	B	1	9
7	C	8	6	3	0	1	9	2	A	B	E	F	4	D	5
1	D	9	E	B	2	7	4	F	5	8	C	A	0	3	6
F	1	A	C	7	D	3	8	5	2	E	4	9	6	B	0
6	3	B	D	0	A	9	E	1	7	F	8	C	5	2	4
0	8	2	7	C	5	4	1	9	B	3	6	D	E	F	A
4	9	E	5	6	F	2	B	C	0	D	A	1	7	8	3
B	2	C	9	8	1	A	6	E	4	5	0	3	D	7	F
D	E	6	0	4	7	B	3	8	C	9	F	5	2	A	1
8	5	1	4	F	9	0	D	7	3	A	2	6	C	E	B
3	F	7	A	2	E	5	C	B	D	6	1	0	9	4	8
E	A	5	3	D	4	F	7	6	8	2	9	B	1	0	C
C	0	F	8	5	B	6	2	3	1	7	D	4	A	9	E
2	6	D	1	9	3	C	A	0	E	4	B	8	F	5	7
9	7	4	B	1	8	E	0	A	F	C	5	2	3	6	D

28 Intermediate

4	A	8	E	0	F	5	7	1	B	9	D	6	3	C	2
D	5	0	1	C	A	6	9	E	8	3	2	F	4	7	B
B	F	2	7	D	8	4	3	C	5	0	6	1	A	9	E
9	3	C	6	E	1	2	B	7	4	A	F	D	5	0	8
8	1	5	9	F	6	D	2	A	3	7	C	4	E	B	0
7	2	E	B	5	C	9	1	8	0	F	4	A	D	3	6
3	D	A	4	B	7	0	8	6	9	1	E	2	C	5	F
0	C	6	F	A	E	3	4	2	D	B	5	7	8	1	9
1	B	4	5	6	2	8	E	F	A	C	0	3	9	D	7
E	6	3	A	9	4	F	C	B	7	D	8	0	1	2	5
C	0	7	8	1	B	A	D	9	2	5	3	E	F	6	4
F	9	D	2	3	0	7	5	4	6	E	1	8	B	A	C
A	E	B	0	4	D	1	6	5	F	2	9	C	7	8	3
2	8	1	D	7	9	E	F	3	C	6	B	5	0	4	A
5	4	F	C	2	3	B	A	0	1	8	7	9	6	E	D
6	7	9	3	8	5	C	0	D	E	4	A	B	2	F	1

Solutions

29 Intermediate

A	9	F	8	5	B	0	D	2	6	E	3	1	C	7	4
C	1	7	3	9	6	8	4	B	F	D	0	A	2	E	5
B	6	4	E	A	3	F	2	5	7	C	1	9	D	8	0
5	2	0	D	1	C	E	7	4	A	8	9	6	3	F	B
E	A	5	B	F	7	4	0	D	9	6	C	8	1	2	3
0	D	C	9	6	5	A	8	7	3	1	2	F	4	B	E
1	7	2	4	3	E	D	B	F	8	0	5	C	9	A	6
F	8	3	6	C	2	9	1	E	4	B	A	5	0	D	7
8	4	6	A	7	9	B	E	3	2	5	D	0	F	1	C
3	C	B	0	D	1	5	F	8	E	9	7	2	6	4	A
9	5	E	7	2	0	6	A	1	C	4	F	D	B	3	8
D	F	1	2	4	8	C	3	6	0	A	B	7	E	5	9
2	3	8	C	E	4	7	9	A	1	F	6	B	5	0	D
4	0	A	5	B	F	2	6	C	D	3	8	E	7	9	1
7	B	D	1	0	A	3	C	9	5	2	E	4	8	6	F
6	E	9	F	8	D	1	5	0	B	7	4	3	A	C	2

30 Intermediate

0	3	F	5	4	C	8	6	1	7	A	E	2	9	B	D
8	6	1	9	2	A	F	B	4	0	D	5	7	E	C	3
C	7	A	B	E	3	D	5	6	8	9	2	1	F	4	0
4	D	E	2	9	0	7	1	C	3	F	B	5	A	8	6
2	0	D	1	C	5	4	E	3	F	B	A	6	8	7	9
E	A	9	F	D	B	6	7	5	4	C	8	3	0	2	1
B	C	7	3	8	F	2	9	D	6	1	0	4	5	E	A
5	8	4	6	3	1	0	A	9	E	2	7	D	C	F	B
D	5	0	A	6	2	B	8	7	9	E	F	C	3	1	4
9	E	8	4	A	7	1	3	B	C	0	D	F	6	5	2
6	1	2	7	F	4	9	C	8	A	5	3	0	B	D	E
3	F	B	C	0	E	5	D	2	1	4	6	9	7	A	8
7	2	C	E	1	D	3	0	F	B	8	9	A	4	6	5
1	B	5	0	7	6	E	4	A	D	3	C	8	2	9	F
A	4	3	8	5	9	C	F	E	2	6	1	B	D	0	7
F	9	6	D	B	8	A	2	0	5	7	4	E	1	3	C

31 Intermediate

0	3	F	5	4	C	8	6	1	7	A	E	2	9	B	D
8	6	1	9	2	A	F	B	4	0	D	5	7	E	C	3
C	7	A	B	E	3	D	5	6	8	9	2	1	F	4	0
4	D	E	2	9	0	7	1	C	3	F	B	5	A	8	6
2	0	D	1	C	5	4	E	3	F	B	A	6	8	7	9
E	A	9	F	D	B	6	7	5	4	C	8	3	0	2	1
B	C	7	3	8	F	2	9	D	6	1	0	4	5	E	A
5	8	4	6	3	1	0	A	9	E	2	7	D	C	F	B
D	5	0	A	6	2	B	8	7	9	E	F	C	3	1	4
9	E	8	4	A	7	1	3	B	C	0	D	F	6	5	2
6	1	2	7	F	4	9	C	8	A	5	3	0	B	D	E
3	F	B	C	0	E	5	D	2	1	4	6	9	7	A	8
7	2	C	E	1	D	3	0	F	B	8	9	A	4	6	5
1	B	5	0	7	6	E	4	A	D	3	C	8	2	9	F
A	4	3	8	5	9	C	F	E	2	6	1	B	D	0	7
F	9	6	D	B	8	A	2	0	5	7	4	E	1	3	C

32 Intermediate

B	E	4	9	6	0	D	8	A	5	F	C	3	2	7	1
C	2	1	D	3	7	B	5	9	E	6	0	F	A	8	4
F	A	0	7	1	C	4	E	3	2	B	8	6	5	9	D
8	6	5	3	A	2	F	9	7	4	1	D	C	B	E	0
E	1	B	C	8	4	7	A	F	9	0	5	D	3	2	6
6	5	9	0	2	3	E	D	B	C	4	7	8	1	A	F
2	3	F	A	5	B	C	1	E	D	8	6	9	0	4	7
4	7	D	8	9	F	0	6	1	A	3	2	B	C	5	E
3	F	E	6	7	8	2	C	4	B	D	A	1	9	0	5
0	4	8	1	D	E	9	F	C	6	5	3	2	7	B	A
7	D	A	2	B	1	5	3	8	0	9	E	4	F	6	C
9	B	C	5	0	6	A	4	2	1	7	F	E	8	D	3
A	8	2	F	C	D	1	0	6	7	E	B	5	4	3	9
1	C	6	4	E	A	3	7	5	8	2	9	0	D	F	B
5	0	3	B	4	9	6	2	D	F	A	1	7	E	C	8
D	9	7	E	F	5	8	B	0	3	C	4	A	6	1	2

Solutions

33 Intermediate

D	F	3	7	0	9	6	2	C	5	1	4	A	8	E	B
4	6	1	A	5	3	B	7	8	E	9	2	C	F	D	0
8	9	E	B	F	A	C	4	0	7	3	D	1	5	2	6
5	C	0	2	D	E	8	1	A	6	B	F	3	9	7	4
C	1	D	F	6	0	2	3	4	A	8	5	E	B	9	7
0	2	5	6	B	F	9	E	D	1	7	3	4	C	8	A
9	E	A	4	C	5	7	8	6	F	2	B	0	1	3	D
7	3	B	8	1	4	D	A	E	0	C	9	5	2	6	F
E	A	C	5	3	D	1	0	B	9	6	7	8	4	F	2
F	B	7	D	8	C	4	5	2	3	E	1	6	0	A	9
3	4	2	9	A	6	E	B	F	8	0	C	7	D	1	5
6	0	8	1	2	7	F	9	5	D	4	A	B	3	C	E
2	7	6	E	9	B	0	F	3	C	5	8	D	A	4	1
B	8	F	0	E	1	A	C	9	4	D	6	2	7	5	3
A	5	4	C	7	2	3	D	1	B	F	E	9	6	0	8
1	D	9	3	4	8	5	6	7	2	A	0	F	E	B	C

34 Intermediate

8	F	7	0	6	E	9	5	4	D	1	B	A	2	C	3
E	B	9	6	D	C	1	7	3	0	A	2	4	8	F	5
2	C	1	3	4	8	A	B	F	6	7	5	0	D	E	9
4	D	A	5	F	0	3	2	9	C	E	8	B	7	6	1
F	6	B	D	1	2	8	4	0	9	C	7	3	5	A	E
5	A	3	4	0	7	C	D	E	8	F	1	9	6	2	B
1	9	8	7	A	B	E	6	5	4	2	3	D	C	0	F
0	E	2	C	3	F	5	9	D	A	B	6	1	4	7	8
3	7	6	8	2	9	F	A	C	E	D	4	5	1	B	0
B	2	0	1	E	3	7	C	A	5	8	F	6	9	4	D
C	5	D	F	B	4	6	0	1	2	3	9	E	A	8	7
A	4	E	9	5	1	D	8	B	7	6	0	2	F	3	C
6	0	F	E	8	5	4	1	7	B	9	A	C	3	D	2
9	3	5	A	C	6	2	E	8	F	0	D	7	B	1	4
7	8	C	2	9	D	B	3	6	1	4	E	F	0	5	A
D	1	4	B	7	A	0	F	2	3	5	C	8	E	9	6

35 Intermediate

0	B	2	F	8	1	E	C	3	9	D	5	6	4	A	7
5	E	D	4	A	3	9	2	1	7	6	F	8	0	C	B
3	7	C	8	B	6	4	F	A	2	E	0	D	5	1	9
1	A	6	9	5	0	D	7	8	C	4	B	2	E	3	F
6	4	9	3	1	5	B	0	D	8	7	E	A	2	F	C
7	0	1	B	D	4	C	9	F	5	2	A	3	8	E	6
D	5	A	2	E	F	8	3	0	1	C	6	7	B	9	4
F	C	8	E	2	7	6	A	9	B	3	4	5	D	0	1
E	8	4	1	9	D	F	B	5	6	0	7	C	3	2	A
C	F	0	A	3	2	7	5	4	E	9	8	B	1	6	D
2	9	3	5	6	E	1	4	C	A	B	D	F	7	8	0
B	6	7	D	C	A	0	8	2	3	F	1	E	9	4	5
4	1	F	C	0	B	5	E	6	D	8	2	9	A	7	3
A	2	B	7	F	C	3	D	E	0	1	9	4	6	5	8
8	D	5	6	4	9	2	1	7	F	A	3	0	C	B	E
9	3	E	0	7	8	A	6	B	4	5	C	1	F	D	2

36 Intermediate

1	C	8	3	D	5	2	4	0	9	B	F	7	6	A	E
4	2	0	6	F	A	7	E	3	5	C	8	B	D	9	1
E	9	A	B	1	6	0	C	4	D	2	7	3	F	8	5
D	5	7	F	9	B	3	8	1	A	E	6	4	0	2	C
2	F	D	0	4	8	A	1	C	6	9	B	5	E	3	7
5	1	E	9	C	3	F	0	A	7	D	4	8	B	6	2
8	A	B	4	2	7	9	6	F	3	5	E	D	1	C	0
7	6	3	C	B	D	E	5	2	0	8	1	9	4	F	A
B	3	9	7	A	E	1	D	6	F	0	C	2	8	5	4
A	D	4	8	0	C	6	F	B	2	3	5	E	7	1	9
6	E	F	1	5	2	8	9	D	4	7	A	C	3	0	B
C	0	2	5	7	4	B	3	8	E	1	9	6	A	D	F
F	7	6	E	3	1	5	B	9	C	A	D	0	2	4	8
0	4	1	D	6	9	C	7	E	8	F	2	A	5	B	3
9	B	5	2	8	0	4	A	7	1	6	3	F	C	E	D
3	8	C	A	E	F	D	2	5	B	4	0	1	9	7	6

Solutions

37 Intermediate

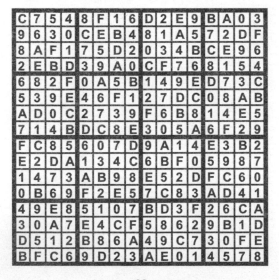

5	A	8	B	D	1	F	E	4	2	0	7	9	3	C	6
1	6	2	D	C	4	3	9	E	5	B	F	8	A	0	7
E	7	C	9	2	0	B	5	3	6	8	A	4	1	D	F
4	3	F	0	8	6	7	A	1	9	C	D	B	5	2	E
3	0	1	6	B	9	2	D	5	7	A	E	C	F	8	4
7	D	B	E	A	5	6	4	8	1	F	C	3	2	9	0
C	2	A	F	0	8	E	3	B	D	9	4	6	7	1	5
9	5	4	8	F	7	1	C	2	3	6	0	D	E	A	B
F	1	D	4	7	C	8	0	A	B	5	9	2	6	E	3
B	9	0	3	1	D	5	2	7	4	E	6	A	C	F	8
A	8	6	7	3	E	9	B	F	C	D	2	0	4	5	1
2	E	5	C	6	A	4	F	0	8	1	3	7	9	B	D
D	F	7	5	4	3	0	1	C	A	2	B	E	8	6	9
6	C	3	A	E	F	D	8	9	0	7	5	1	B	4	2
0	B	E	1	9	2	A	7	6	F	4	8	5	D	3	C
8	4	9	2	5	B	C	6	D	E	3	1	F	0	7	A

38 Intermediate

C	7	5	4	8	F	1	6	D	2	E	9	B	A	0	3
9	6	3	0	C	E	B	4	8	1	A	5	7	2	D	F
8	A	F	1	7	5	D	2	0	3	4	B	C	E	9	6
2	E	B	D	3	9	A	0	C	F	7	6	8	1	5	4
6	8	2	F	0	A	5	B	1	4	9	E	D	7	3	C
5	3	9	E	4	6	F	1	2	7	D	C	0	8	A	B
A	D	0	C	2	7	3	9	F	6	B	8	1	4	E	5
7	1	4	B	D	C	8	E	3	0	5	A	6	F	2	9
F	C	8	5	6	0	7	D	9	A	1	4	E	3	B	2
E	2	D	A	1	3	4	C	6	B	F	0	5	9	8	7
1	4	7	3	A	B	9	8	E	5	2	D	F	C	6	0
0	B	6	9	F	2	E	5	7	C	8	3	A	D	4	1
4	9	E	8	5	1	0	7	B	D	3	F	2	6	C	A
3	0	A	7	E	4	C	F	5	8	6	2	9	B	1	D
D	5	1	2	B	8	6	A	4	9	C	7	3	0	F	E
B	F	C	6	9	D	2	3	A	E	0	1	4	5	7	8

39 Intermediate

7	6	E	F	A	C	3	0	8	2	1	D	4	5	B	9
2	9	4	B	1	5	8	D	6	0	3	C	F	A	E	7
1	5	C	3	2	E	4	B	7	F	9	A	8	6	D	0
8	D	0	A	7	9	6	F	E	5	4	B	3	C	1	2
D	3	8	4	B	2	5	A	9	C	0	6	7	1	F	E
9	E	1	2	6	D	C	7	B	4	5	F	A	0	8	3
0	B	A	6	8	F	9	E	2	3	7	1	C	D	4	5
F	C	5	7	0	3	1	4	A	8	D	E	9	B	2	6
E	F	9	5	3	B	0	2	D	6	C	7	1	8	A	4
B	7	3	0	E	4	A	6	5	1	F	8	D	2	9	C
A	8	6	1	C	7	D	9	0	B	2	4	E	3	5	F
4	2	D	C	5	8	F	1	3	A	E	9	6	7	0	B
5	1	7	D	4	6	B	C	F	E	A	0	2	9	3	8
6	4	F	8	9	1	2	3	C	D	B	5	0	E	7	A
C	0	2	9	D	A	E	5	4	7	8	3	B	F	6	1
3	A	B	E	F	0	7	8	1	9	6	2	5	4	C	D

40 Intermediate

6	B	4	A	5	3	C	D	F	0	9	2	E	1	8	7
C	7	E	9	B	A	2	F	8	4	1	5	6	0	D	3
D	F	8	2	1	4	7	0	C	6	E	3	5	A	B	9
1	3	5	0	6	9	E	8	7	A	D	B	4	2	F	C
E	6	9	5	0	F	D	7	A	1	C	8	B	4	3	2
F	4	2	C	E	1	A	B	3	9	0	D	8	7	6	5
A	8	1	B	C	5	3	4	2	7	F	6	0	E	9	D
3	0	7	D	2	6	8	9	B	E	5	4	C	F	1	A
0	D	A	E	8	C	1	6	4	B	2	7	9	3	5	F
B	5	F	3	9	7	0	A	1	D	8	E	2	6	C	4
2	9	6	4	D	B	F	E	5	C	3	A	1	8	7	0
8	1	C	7	4	2	5	3	0	F	6	9	A	D	E	B
4	A	B	6	F	8	9	5	D	2	7	1	3	C	0	E
7	C	3	8	A	D	B	1	E	5	4	0	F	9	2	6
9	E	D	F	3	0	4	2	6	8	B	C	7	5	A	1
5	2	0	1	7	E	6	C	9	3	A	F	D	B	4	8

Solutions

41 Intermediate

9	D	E	A	0	C	8	5	3	4	B	F	2	6	7	1
8	2	C	7	4	A	3	1	6	D	9	E	0	B	F	5
B	3	F	0	6	9	7	D	1	2	A	5	4	8	E	C
1	5	4	6	E	F	B	2	0	7	8	C	3	9	D	A
4	E	D	8	2	6	A	0	5	1	F	7	9	C	3	B
0	1	9	2	B	D	F	7	8	3	C	A	6	4	5	E
3	6	5	F	8	4	1	C	E	9	D	B	A	7	2	0
7	A	B	C	9	3	5	E	2	6	4	0	F	D	1	8
E	C	1	4	A	5	0	F	B	8	2	6	7	3	9	D
5	8	2	3	D	B	6	9	7	0	1	4	C	E	A	F
F	B	7	9	1	2	4	3	A	C	E	D	5	0	8	6
6	0	A	D	C	7	E	8	9	F	5	3	B	1	4	2
D	F	8	B	3	1	9	6	C	5	7	2	E	A	0	4
C	4	6	1	F	0	2	A	D	E	3	9	8	5	B	7
A	7	3	E	5	8	C	4	F	B	0	1	D	2	6	9
2	9	0	5	7	E	D	B	4	A	6	8	1	F	C	3

42 Intermediate

D	A	9	4	0	F	B	8	1	5	3	6	C	2	E	7
6	B	0	8	C	9	1	A	E	7	4	2	3	D	F	5
C	7	1	F	5	3	E	2	0	A	9	D	B	8	6	4
3	2	E	5	4	6	D	7	B	8	C	F	A	1	0	9
7	F	A	C	E	8	4	3	2	6	5	B	D	9	1	0
8	6	D	2	9	B	0	1	C	4	F	3	5	E	7	A
4	0	3	E	6	7	5	C	D	9	1	A	2	F	B	8
9	1	5	B	D	2	A	F	7	E	8	0	4	C	3	6
2	8	C	7	A	1	9	B	4	3	0	5	F	6	D	E
E	3	F	A	2	5	6	4	8	C	D	1	0	7	9	B
1	D	B	0	7	C	F	E	A	2	6	9	8	4	5	3
5	9	4	6	8	D	3	0	F	B	E	7	1	A	C	2
A	4	2	D	F	0	7	6	3	1	B	E	9	5	8	C
0	C	6	3	1	E	8	9	5	F	A	4	7	B	2	D
B	E	8	1	3	4	2	5	9	D	7	C	6	0	A	F
F	5	7	9	B	A	C	D	6	0	2	8	E	3	4	1

43 Intermediate

4	B	F	2	C	6	8	D	1	3	A	7	9	E	5	0
6	8	A	5	B	7	1	9	C	4	E	0	D	2	F	3
0	1	3	C	4	E	2	F	B	D	5	9	8	6	A	7
9	D	E	7	0	3	5	A	8	6	2	F	1	B	C	4
A	4	2	6	D	5	C	E	F	7	9	3	B	8	0	1
F	0	B	3	2	1	A	6	D	8	C	E	7	4	9	5
D	C	5	9	7	8	4	0	2	1	B	A	E	F	3	6
7	E	1	8	F	B	9	3	5	0	4	6	C	A	2	D
8	9	7	D	6	F	E	1	A	5	0	C	2	3	4	B
E	2	C	0	8	A	3	4	6	B	F	1	5	D	7	9
5	3	4	1	9	0	7	B	E	2	8	D	A	C	6	F
B	F	6	A	5	C	D	2	7	9	3	4	0	1	8	E
1	6	8	4	3	2	B	7	9	C	D	5	F	0	E	A
3	5	D	F	E	9	6	8	0	A	1	2	4	7	B	C
2	7	9	E	A	D	0	C	4	F	6	B	3	5	1	8
C	A	0	B	1	4	F	5	3	E	7	8	6	9	D	2

44 Intermediate

0	D	2	4	E	F	C	9	7	B	8	A	3	1	5	6
3	E	9	1	8	4	7	6	0	5	2	C	A	B	D	F
6	A	7	B	0	2	1	5	F	3	D	9	4	E	8	C
F	5	8	C	A	D	B	3	6	4	E	1	7	9	2	0
2	0	1	A	7	6	9	B	E	C	3	F	D	5	4	8
5	B	C	7	D	3	F	2	A	8	1	4	E	6	0	9
E	3	D	F	5	A	4	8	9	0	6	7	2	C	1	B
8	4	6	9	1	0	E	C	5	2	B	D	F	3	7	A
7	8	A	3	C	1	2	F	4	9	0	5	6	D	B	E
B	6	5	2	3	8	D	0	1	F	C	E	9	4	A	7
D	1	F	E	9	7	5	4	B	6	A	8	C	0	3	2
9	C	4	0	6	B	A	E	3	D	7	2	5	8	F	1
A	2	0	5	B	E	8	D	C	7	4	6	1	F	9	3
4	7	B	6	F	C	0	1	D	A	9	3	8	2	E	5
C	9	E	D	2	5	3	7	8	1	F	B	0	A	6	4
1	F	3	8	4	9	6	A	2	E	5	0	B	7	C	D

Solutions

45 Intermediate

C	E	3	6	A	0	4	8	1	2	F	B	7	5	D	9
8	2	1	0	6	B	5	9	3	C	D	7	A	F	4	E
D	F	A	B	C	E	3	7	9	4	5	8	0	1	2	6
4	9	5	7	D	1	F	2	A	0	E	6	B	8	3	C
E	B	8	3	4	6	1	C	0	A	9	F	2	7	5	D
6	7	4	F	8	5	2	B	D	E	C	1	9	A	0	3
0	A	2	5	7	D	9	F	B	8	4	3	C	E	6	1
9	1	D	C	3	A	E	0	5	6	7	2	F	4	B	8
A	D	9	1	5	2	0	6	8	F	3	4	E	B	C	7
7	5	F	8	9	C	A	D	2	B	0	E	6	3	1	4
B	3	6	4	F	8	7	E	C	9	1	D	5	0	A	2
2	C	0	E	1	4	B	3	6	7	A	5	D	9	8	F
5	6	C	9	0	F	D	4	E	3	8	A	1	2	7	B
3	0	E	D	2	7	6	5	4	1	B	9	8	C	F	A
1	4	7	2	B	9	8	A	F	5	6	C	3	D	E	0
F	8	B	A	E	3	C	1	7	D	2	0	4	6	9	5

46 Advanced

9	1	7	5	C	4	D	0	2	B	F	A	E	3	6	8
2	C	A	8	B	3	6	E	9	D	7	0	F	1	5	4
0	E	6	F	9	1	7	8	C	4	3	5	2	A	B	D
B	D	4	3	5	A	2	F	6	E	8	1	C	7	9	0
3	0	2	B	6	5	9	4	7	8	D	E	1	F	A	C
A	8	9	1	F	E	C	7	5	2	B	6	4	D	0	3
4	6	F	E	3	D	1	2	0	9	A	C	5	8	7	B
7	5	C	D	0	B	8	A	3	1	4	F	9	E	2	6
6	4	8	A	7	C	F	3	1	0	E	2	B	9	D	5
5	2	E	7	D	0	A	9	B	F	C	3	6	4	8	1
D	B	3	0	8	2	5	1	4	7	6	9	A	C	F	E
F	9	1	C	4	6	E	B	D	A	5	8	0	2	3	7
1	3	5	2	E	8	B	6	F	C	9	7	D	0	4	A
8	A	D	6	2	9	0	5	E	3	1	4	7	B	C	F
E	7	B	9	A	F	4	C	8	5	0	D	3	6	1	2
C	F	0	4	1	7	3	D	A	6	2	B	8	5	E	9

47 Advanced

A	B	D	1	2	9	5	E	4	0	6	7	8	C	3	F
E	9	C	2	8	0	6	4	1	D	F	3	7	B	A	5
8	4	7	3	B	F	A	C	E	2	5	9	0	1	D	6
0	5	F	6	D	1	7	3	B	A	8	C	2	4	9	E
1	C	6	D	9	E	2	F	0	5	A	4	B	7	8	3
3	8	0	A	6	7	B	5	2	C	9	E	F	D	4	1
B	7	4	5	0	A	C	1	3	8	D	F	6	2	E	9
9	F	2	E	4	3	8	D	7	B	1	6	5	A	0	C
4	6	5	0	1	C	3	A	8	9	2	B	E	F	7	D
C	2	8	7	F	5	4	0	6	1	E	D	9	3	B	A
F	E	A	9	7	2	D	B	C	4	3	0	1	6	5	8
D	1	3	B	E	8	9	6	A	F	7	5	4	0	C	2
2	D	1	C	5	B	F	7	9	E	4	A	3	8	6	0
6	0	E	8	C	4	1	9	D	3	B	2	A	5	F	7
5	3	9	4	A	6	0	2	F	7	C	8	D	E	1	B
7	A	B	F	3	D	E	8	5	6	0	1	C	9	2	4

48 Advanced

8	C	E	D	6	3	2	4	5	B	1	9	0	A	F	7
F	5	0	A	7	B	9	8	C	2	E	6	D	4	1	3
9	B	1	4	E	A	C	F	0	7	3	D	5	8	6	2
6	2	3	7	1	0	5	D	8	A	F	4	9	B	E	C
D	8	7	F	3	2	E	6	B	0	4	A	C	1	5	9
5	9	C	6	0	F	1	B	D	8	7	3	2	E	4	A
3	4	2	1	C	D	A	5	F	6	9	E	8	7	0	B
A	E	B	0	4	9	8	7	1	5	2	C	6	F	3	D
B	6	F	9	5	8	7	C	3	E	D	0	1	2	A	4
4	0	8	C	A	E	D	1	6	F	B	2	3	9	7	5
2	7	5	E	B	4	0	3	9	C	A	1	F	D	8	6
1	D	A	3	9	6	F	2	7	4	5	8	E	C	B	0
0	F	D	B	2	1	3	A	4	9	8	5	7	6	C	E
E	3	6	8	F	7	4	0	2	D	C	B	A	5	9	1
C	A	4	2	8	5	6	9	E	1	0	7	B	3	D	F
7	1	9	5	D	C	B	E	A	3	6	F	4	0	2	8

Solutions

49 Advanced

4	7	0	E	C	F	B	A	1	2	8	D	5	6	9	3
9	A	2	D	4	5	1	3	C	7	B	6	8	F	E	0
6	B	F	8	D	7	0	9	3	4	E	5	1	2	A	C
5	3	C	1	2	8	E	6	A	9	0	F	D	4	B	7
C	0	B	A	9	3	8	2	F	1	6	E	7	D	4	5
2	4	D	5	F	C	A	E	7	8	9	B	3	0	6	1
7	9	1	3	6	B	D	4	0	5	2	A	F	C	8	E
E	6	8	F	5	0	7	1	D	3	C	4	B	A	2	9
D	F	A	4	7	9	5	8	2	E	1	0	C	B	3	6
8	5	3	2	A	E	6	B	9	D	F	C	0	7	1	4
1	C	7	B	0	2	3	D	4	6	A	8	E	9	5	F
0	E	9	6	1	4	C	F	5	B	7	3	A	8	D	2
F	1	6	0	3	D	4	7	8	A	5	9	2	E	C	B
3	D	E	7	B	A	2	C	6	F	4	1	9	5	0	8
B	2	4	C	8	1	9	5	E	0	D	7	6	3	F	A
A	8	5	9	E	6	F	0	B	C	3	2	4	1	7	D

50 Advanced

9	6	2	A	7	F	1	C	0	D	8	5	B	E	4	3
D	0	E	1	3	2	9	8	B	6	4	C	7	F	5	A
3	5	B	7	4	0	D	E	F	1	9	A	C	2	8	6
F	4	8	C	5	A	B	6	E	7	2	3	0	D	9	1
6	7	C	3	F	8	2	0	4	E	B	1	D	9	A	5
8	9	D	5	1	4	3	A	2	C	F	7	6	B	E	0
2	E	1	B	C	D	5	9	A	3	6	0	4	8	7	F
0	F	A	4	6	7	E	B	9	5	D	8	1	C	3	2
4	B	3	F	A	C	6	5	8	0	1	2	E	7	D	9
5	A	0	D	8	E	7	3	6	9	C	B	F	1	2	4
E	C	7	8	2	9	F	1	3	4	A	D	5	0	6	B
1	2	6	9	0	B	4	D	5	F	7	E	3	A	C	8
7	D	9	6	E	3	8	F	1	2	0	4	A	5	B	C
C	1	5	2	B	6	0	4	7	A	E	9	8	3	F	D
B	3	F	E	D	1	A	2	C	8	5	6	9	4	0	7
A	8	4	0	9	5	C	7	D	B	3	F	2	6	1	E

Solutions

51 Advanced

6	D	2	F	7	3	C	1	A	9	4	0	B	8	E	5
C	3	5	1	F	9	A	B	7	E	8	6	0	4	2	D
7	9	B	0	E	4	5	8	1	C	D	2	A	6	F	3
4	8	A	E	6	D	2	0	F	B	3	5	1	7	9	C
3	4	C	6	B	5	E	7	2	A	F	8	9	1	D	0
2	5	0	A	4	8	3	6	B	1	9	D	F	C	7	E
9	1	E	B	2	F	D	C	6	5	0	7	8	3	A	4
8	F	7	D	A	1	0	9	C	3	E	4	5	2	6	B
5	6	1	9	C	2	4	A	E	7	B	3	D	0	8	F
0	C	D	7	3	B	9	F	8	4	A	1	2	E	5	6
F	A	8	4	5	0	7	E	D	6	2	9	3	B	C	1
E	B	3	2	8	6	1	D	0	F	5	C	7	A	4	9
A	7	9	8	0	C	F	3	4	D	1	E	6	5	B	2
D	0	6	3	9	7	B	4	5	2	C	A	E	F	1	8
1	2	F	C	D	E	6	5	3	8	7	B	4	9	0	A
B	E	4	5	1	A	8	2	9	0	6	F	C	D	3	7

52 Advanced

2	4	B	9	3	F	A	E	7	5	6	0	1	8	C	D
6	C	8	3	1	4	5	B	D	2	A	E	9	0	F	7
7	F	5	1	0	D	C	6	3	8	4	9	B	2	E	A
A	0	E	D	8	2	9	7	1	C	F	B	3	5	6	4
9	2	D	B	C	E	3	A	6	4	0	F	7	1	8	5
3	5	4	E	6	B	1	0	9	7	8	A	2	C	D	F
1	8	F	A	2	7	4	D	C	E	5	3	6	9	0	B
0	7	C	6	F	9	8	5	B	D	1	2	4	3	A	E
8	E	A	4	B	3	7	C	0	F	2	6	5	D	1	9
B	D	1	2	E	5	0	8	4	A	9	7	F	6	3	C
F	9	3	0	A	6	D	2	5	1	B	C	E	4	7	8
5	6	7	C	4	1	F	9	8	3	E	D	A	B	2	0
4	A	2	7	5	8	B	3	E	0	D	1	C	F	9	6
E	3	6	F	9	0	2	4	A	B	C	8	D	7	5	1
C	1	0	5	D	A	6	F	2	9	7	4	8	E	B	3
D	B	9	8	7	C	E	1	F	6	3	5	0	A	4	2

Solutions

53 Advanced

E	8	3	7	4	D	A	B	5	F	6	1	C	0	2	9
B	1	9	6	2	E	F	7	D	C	8	0	5	4	A	3
D	F	A	C	1	5	9	0	2	3	7	4	8	6	B	E
5	2	0	4	8	3	C	6	9	A	E	B	7	D	F	1
C	7	1	A	0	B	4	5	3	6	F	2	9	8	E	D
6	E	5	2	D	A	3	9	7	0	4	8	1	B	C	F
8	3	B	D	C	F	7	E	1	5	9	A	0	2	6	4
9	0	4	F	6	8	1	2	C	D	B	E	3	A	7	5
3	B	6	5	F	2	0	A	4	1	D	9	E	C	8	7
0	C	F	E	7	4	8	1	A	B	2	3	D	9	5	6
7	A	D	9	B	6	E	C	0	8	5	F	4	1	3	2
1	4	2	8	3	9	5	D	E	7	C	6	B	F	0	A
F	D	7	0	5	1	B	3	6	4	A	C	2	E	9	8
2	5	E	B	A	C	D	8	F	9	1	7	6	3	4	0
A	6	8	3	9	7	2	4	B	E	0	D	F	5	1	C
4	9	C	1	E	0	6	F	8	2	3	5	A	7	D	B

54 Advanced

A	9	F	8	5	B	0	D	2	6	E	3	1	C	7	4
C	1	7	3	9	6	8	4	B	F	D	0	A	2	E	5
B	6	4	E	A	3	F	2	5	7	C	1	9	D	8	0
5	2	0	D	1	C	E	7	4	A	8	9	6	3	F	B
E	A	5	B	F	7	4	0	D	9	6	C	8	1	2	3
0	D	C	9	6	5	A	8	7	3	1	2	F	4	B	E
1	7	2	4	3	E	D	B	F	8	0	5	C	9	A	6
F	8	3	6	C	2	9	1	E	4	B	A	5	0	D	7
8	4	6	A	7	9	B	E	3	2	5	D	0	F	1	C
3	C	B	0	D	1	5	F	8	E	9	7	2	6	4	A
9	5	E	7	2	0	6	A	1	C	4	F	D	B	3	8
D	F	1	2	4	8	C	3	6	0	A	B	7	E	5	9
2	3	8	C	E	4	7	9	A	1	F	6	B	5	0	D
4	0	A	5	B	F	2	6	C	D	3	8	E	7	9	1
7	B	D	1	0	A	3	C	9	5	2	E	4	8	6	F
6	E	9	F	8	D	1	5	0	B	7	4	3	A	C	2

Solutions

55 Advanced

8	C	B	A	1	7	5	6	D	2	9	4	3	0	E	F
5	4	E	6	3	2	0	C	8	1	B	F	D	A	9	7
0	D	2	9	F	E	8	A	C	5	7	3	1	B	6	4
7	1	3	F	B	D	9	4	0	6	E	A	2	5	8	C
F	2	7	D	5	1	E	8	6	0	C	B	A	3	4	9
E	5	0	B	4	C	6	9	3	F	A	D	8	7	2	1
A	3	9	4	D	B	F	2	E	7	8	1	0	C	5	6
C	8	6	1	0	A	7	3	2	9	4	5	E	F	D	B
D	0	C	8	A	5	B	F	1	4	6	2	9	E	7	3
2	9	4	3	8	0	1	D	7	C	5	E	B	6	F	A
B	A	5	E	2	6	3	7	9	D	F	0	C	4	1	8
6	F	1	7	9	4	C	E	A	B	3	8	5	D	0	2
9	B	8	5	C	F	A	1	4	E	0	7	6	2	3	D
4	6	A	2	E	8	D	0	F	3	1	C	7	9	B	5
3	E	D	C	7	9	4	B	5	8	2	6	F	1	A	0
1	7	F	0	6	3	2	5	B	A	D	9	4	8	C	E

56 Advanced

D	A	3	B	1	2	4	C	6	8	9	E	F	5	7	0
F	6	C	5	7	E	A	8	3	2	D	0	B	4	9	1
0	4	7	8	9	F	6	3	B	1	A	5	E	C	2	D
2	9	E	1	D	B	0	5	7	C	4	F	8	3	6	A
6	F	8	D	0	5	7	E	9	3	B	C	2	A	1	4
A	3	1	2	4	C	F	9	E	D	5	7	0	B	8	6
4	5	0	7	B	8	D	A	1	F	2	6	3	E	C	9
9	C	B	E	6	3	1	2	0	4	8	A	7	D	F	5
E	0	D	C	A	4	3	7	2	B	6	9	1	8	5	F
7	B	5	4	F	1	C	0	A	E	3	8	6	9	D	2
1	8	6	9	E	D	2	B	5	7	F	4	A	0	3	C
3	2	F	A	5	9	8	6	C	0	1	D	4	7	B	E
B	D	A	0	3	6	E	F	8	5	C	2	9	1	4	7
8	7	2	6	C	A	5	1	4	9	0	B	D	F	E	3
C	E	4	3	8	0	9	D	F	6	7	1	5	2	A	B
5	1	9	F	2	7	B	4	D	A	E	3	C	6	0	8

Solutions

57 Advanced

C	9	2	4	1	B	3	0	D	A	5	8	E	7	6	F
6	B	1	8	5	D	7	2	4	C	F	E	3	9	A	0
E	5	F	D	9	A	6	4	7	3	0	1	2	8	C	B
0	3	A	7	E	8	C	F	B	2	9	6	4	5	1	D
7	D	6	B	2	0	A	C	5	4	1	F	9	E	8	3
A	F	9	5	4	7	8	B	C	E	2	3	D	1	0	6
2	C	E	3	F	1	D	9	6	0	8	7	A	B	4	5
4	0	8	1	3	5	E	6	A	D	B	9	C	F	7	2
B	2	0	C	8	E	9	1	3	F	A	5	6	4	D	7
8	7	3	9	6	F	5	D	0	B	C	4	1	A	2	E
F	E	4	A	B	C	2	7	1	8	6	D	5	0	3	9
D	1	5	6	A	4	0	3	9	7	E	2	B	C	F	8
3	A	B	2	C	9	1	5	8	6	7	0	F	D	E	4
5	4	D	E	7	6	B	8	F	1	3	C	0	2	9	A
1	6	7	F	0	2	4	A	E	9	D	B	8	3	5	C
9	8	C	0	D	3	F	E	2	5	4	A	7	6	B	1

58 Advanced

2	E	4	9	C	3	0	8	A	6	F	D	7	1	B	5
5	8	6	7	4	E	9	F	B	3	1	C	0	2	A	D
B	C	3	D	2	1	A	6	8	0	5	7	F	9	4	E
F	A	1	0	D	5	B	7	4	E	2	9	6	3	8	C
7	2	8	F	9	C	6	3	D	1	A	4	5	B	E	0
1	6	A	4	7	B	D	0	2	5	9	E	8	C	F	3
3	9	C	E	8	A	1	5	0	B	7	F	D	6	2	4
D	B	0	5	F	2	4	E	6	C	8	3	1	A	9	7
C	0	2	6	1	8	E	4	7	9	D	5	A	F	3	B
A	1	D	3	5	9	7	C	F	2	E	B	4	0	6	8
4	5	7	B	6	0	F	2	C	8	3	A	9	E	D	1
9	F	E	8	A	D	3	B	1	4	6	0	C	5	7	2
E	4	B	1	0	6	8	D	9	A	C	2	3	7	5	F
6	3	F	A	B	4	2	1	5	7	0	8	E	D	C	9
0	7	5	2	E	F	C	9	3	D	4	6	B	8	1	A
8	D	9	C	3	7	5	A	E	F	B	1	2	4	0	6

59 Advanced

9	3	B	C	6	D	8	4	1	5	A	E	F	2	0	7
7	A	8	0	9	5	F	1	B	D	2	3	C	E	4	6
F	5	1	D	C	B	2	E	6	4	0	7	8	3	A	9
4	2	6	E	A	7	3	0	C	9	8	F	B	5	D	1
A	8	4	5	D	3	7	C	0	6	9	1	E	B	2	F
1	0	E	7	8	F	5	B	3	A	C	2	6	4	9	D
C	B	9	6	0	4	A	2	E	F	5	D	7	1	8	3
2	D	3	F	E	1	9	6	8	7	B	4	5	A	C	0
3	E	D	4	7	0	6	9	5	2	F	8	1	C	B	A
0	6	5	A	1	2	4	D	9	C	E	B	3	7	F	8
8	C	F	1	5	A	B	3	D	0	7	6	4	9	E	2
B	9	7	2	F	C	E	8	4	1	3	A	D	0	6	5
5	4	0	9	2	6	1	F	7	B	D	C	A	8	3	E
6	7	C	8	3	9	0	A	F	E	4	5	2	D	1	B
E	F	A	B	4	8	D	7	2	3	1	0	9	6	5	C
D	1	2	3	B	E	C	5	A	8	6	9	0	F	7	4

60 Advanced

5	7	F	2	0	6	1	8	E	9	4	3	A	C	B	D
E	D	A	C	B	3	7	9	0	2	5	6	F	4	8	1
3	B	9	8	4	5	D	E	C	1	A	F	0	7	2	6
6	0	1	4	2	F	A	C	8	7	B	D	5	3	9	E
B	9	4	3	7	1	E	F	A	6	D	0	2	5	C	8
0	F	2	E	5	D	3	6	B	8	C	1	9	A	4	7
1	C	8	5	9	A	B	0	4	F	2	7	D	6	E	3
D	A	6	7	8	4	C	2	5	3	E	9	1	F	0	B
2	E	3	6	1	0	F	5	7	4	8	A	C	B	D	9
C	4	B	A	D	8	9	7	1	5	F	2	3	E	6	0
F	8	D	0	A	B	2	3	6	C	9	E	7	1	5	4
9	5	7	1	C	E	6	4	D	0	3	B	8	2	F	A
8	3	C	F	E	7	5	A	9	B	0	4	6	D	1	2
A	6	0	B	F	2	8	D	3	E	1	5	4	9	7	C
7	1	5	9	3	C	4	B	2	D	6	8	E	0	A	F
4	2	E	D	6	9	0	1	F	A	7	C	B	8	3	5

Solutions

61 Advanced

F	1	0	3	6	A	E	D	4	5	9	7	2	8	C	B
A	B	E	9	2	1	7	8	F	3	6	C	D	0	4	5
2	4	7	6	5	0	C	B	D	1	E	8	A	3	F	9
8	D	C	5	9	3	F	4	0	A	2	B	1	E	7	6
6	3	1	D	C	8	B	A	E	2	5	0	4	7	9	F
E	8	2	F	4	7	0	6	B	9	3	D	C	1	5	A
9	5	B	C	F	D	3	2	1	7	A	4	0	6	8	E
4	0	A	7	1	E	5	9	C	F	8	6	B	2	3	D
3	F	4	E	A	B	8	C	7	6	0	2	9	5	D	1
B	9	6	0	7	2	1	E	3	D	C	5	F	4	A	8
D	7	8	2	3	F	4	5	9	B	1	A	6	C	E	0
C	A	5	1	D	9	6	0	8	E	4	F	3	B	2	7
7	2	F	4	8	C	D	1	5	0	B	9	E	A	6	3
1	E	9	A	B	5	2	7	6	C	F	3	8	D	0	4
5	6	3	B	0	4	A	F	2	8	D	E	7	9	1	C
0	C	D	8	E	6	9	3	A	4	7	1	5	F	B	2

62 Advanced

8	2	3	7	5	E	B	9	6	F	0	C	4	D	1	A
9	0	4	A	1	C	F	7	D	B	3	8	5	2	6	E
1	D	C	B	2	6	3	A	E	5	9	4	8	7	0	F
F	6	5	E	D	4	8	0	2	1	A	7	9	B	3	C
E	1	B	9	C	0	A	3	5	D	8	2	F	6	7	4
C	F	6	5	4	9	2	8	1	0	7	3	B	A	E	D
D	8	2	0	6	7	E	B	F	A	4	9	C	3	5	1
7	4	A	3	F	1	5	D	B	E	C	6	2	0	9	8
A	C	0	6	3	2	7	1	4	8	E	F	D	9	B	5
2	5	7	8	A	D	0	F	9	C	6	B	1	E	4	3
4	B	1	F	E	5	9	6	3	7	D	A	0	C	8	2
3	9	E	D	8	B	C	4	0	2	1	5	7	F	A	6
B	E	D	4	0	A	6	5	C	9	2	1	3	8	F	7
0	3	F	2	9	8	4	E	7	6	5	D	A	1	C	B
6	7	8	C	B	3	1	2	A	4	F	0	E	5	D	9
5	A	9	1	7	F	D	C	8	3	B	E	6	4	2	0

63 Advanced

7	5	8	1	F	3	9	6	A	B	E	4	C	D	0	2
B	3	6	F	5	D	E	4	7	C	2	0	A	8	9	1
0	A	4	E	B	2	C	1	9	8	D	6	3	5	7	F
C	9	D	2	7	0	A	8	F	1	3	5	6	E	B	4
8	1	3	9	6	C	4	2	5	E	A	7	B	0	F	D
A	B	2	D	0	1	5	F	6	3	C	8	7	9	4	E
5	C	E	0	9	A	7	D	1	4	B	F	2	6	3	8
6	4	F	7	E	B	8	3	0	D	9	2	5	A	1	C
4	D	1	B	A	7	6	C	2	9	8	3	E	F	5	0
2	E	5	8	1	9	3	0	D	F	7	B	4	C	A	6
F	0	7	3	4	8	D	E	C	6	5	A	9	1	2	B
9	6	C	A	2	F	B	5	4	0	1	E	8	3	D	7
D	8	0	5	3	6	1	B	E	2	4	9	F	7	C	A
1	7	B	4	C	E	F	A	3	5	6	D	0	2	8	9
E	2	9	C	8	5	0	7	B	A	F	1	D	4	6	3
3	F	A	6	D	4	2	9	8	7	0	C	1	B	E	5

64 Advanced

E	6	9	1	F	D	C	3	5	2	B	A	4	7	0	8
D	4	3	A	0	8	E	6	1	F	9	7	B	2	C	5
5	0	2	C	7	1	B	A	8	6	4	D	3	E	F	9
B	8	F	7	5	9	2	4	C	E	0	3	A	D	6	1
8	3	0	6	1	A	9	B	D	C	5	F	E	4	2	7
7	5	1	9	6	C	4	F	2	8	E	B	0	3	D	A
4	A	B	2	E	0	5	D	7	9	3	6	F	1	8	C
F	D	C	E	2	7	3	8	4	1	A	0	5	B	9	6
1	7	6	4	3	5	8	9	A	0	D	E	C	F	B	2
9	F	E	D	4	B	0	2	6	7	C	5	8	A	1	3
C	2	A	5	D	6	F	7	3	B	1	8	9	0	4	E
3	B	8	0	C	E	A	1	F	4	2	9	7	6	5	D
2	E	D	F	9	3	7	C	0	5	6	4	1	8	A	B
0	9	5	3	A	4	6	E	B	D	8	1	2	C	7	F
6	C	4	B	8	F	1	5	E	A	7	2	D	9	3	0
A	1	7	8	B	2	D	0	9	3	F	C	6	5	E	4

Solutions

65 Advanced

5	F	D	8	C	0	7	E	B	9	1	A	4	6	2	3
7	2	E	A	6	4	1	B	8	0	D	3	5	F	9	C
C	B	3	1	D	9	2	A	4	6	F	5	7	8	0	E
0	4	6	9	5	F	3	8	E	7	2	C	A	D	B	1
3	D	7	2	0	8	B	4	5	A	E	F	9	1	C	6
8	6	A	0	3	1	F	9	D	C	7	B	E	2	5	4
9	C	5	B	E	A	D	7	6	2	4	1	F	0	3	8
E	1	F	4	2	6	C	5	3	8	0	9	B	A	D	7
6	8	0	5	B	D	9	1	C	4	A	7	3	E	F	2
B	9	4	3	8	E	0	6	2	F	5	D	C	7	1	A
1	7	C	F	4	2	A	3	0	E	B	6	D	9	8	5
A	E	2	D	F	7	5	C	1	3	9	8	0	4	6	B
2	0	1	7	A	C	6	D	F	5	3	4	8	B	E	9
4	3	9	E	1	B	8	2	7	D	C	0	6	5	A	F
F	A	8	C	7	5	E	0	9	B	6	2	1	3	4	D
D	5	B	6	9	3	4	F	A	1	8	E	2	C	7	0

66 Advanced

4	A	3	B	5	7	E	1	C	2	8	9	0	D	F	6
E	F	8	6	0	2	9	D	4	7	5	1	A	3	C	B
0	5	9	D	6	F	C	8	B	A	3	E	2	4	7	1
1	2	C	7	4	3	B	A	0	D	F	6	8	5	9	E
A	D	5	9	7	0	6	F	1	4	B	8	C	2	E	3
C	6	E	1	9	A	D	4	3	0	7	2	5	F	B	8
B	8	7	2	3	E	5	C	D	6	A	F	4	1	0	9
F	3	4	0	8	B	1	2	E	C	9	5	D	7	6	A
2	E	6	A	B	4	7	5	8	F	1	3	9	C	D	0
D	7	0	C	2	6	8	3	9	5	4	A	B	E	1	F
3	9	1	4	C	D	F	E	2	B	6	0	7	8	A	5
8	B	F	5	1	9	A	0	7	E	D	C	3	6	4	2
5	1	D	3	A	C	4	6	F	8	0	B	E	9	2	7
9	C	B	F	E	5	3	7	A	1	2	4	6	0	8	D
7	0	A	E	F	8	2	9	6	3	C	D	1	B	5	4
6	4	2	8	D	1	0	B	5	9	E	7	F	A	3	C

67 Advanced

A	B	7	2	1	4	F	0	5	E	D	9	C	8	6	3
1	D	9	6	C	7	8	5	A	0	3	B	4	F	2	E
8	F	3	0	B	A	9	E	C	6	4	2	1	5	D	7
C	4	E	5	6	D	3	2	8	1	F	7	A	0	9	B
7	6	8	B	3	2	C	A	4	5	0	D	F	9	E	1
4	1	F	E	5	0	D	6	9	B	C	3	7	2	A	8
9	A	D	3	7	1	4	F	2	8	E	6	0	B	5	C
2	0	5	C	8	E	B	9	F	7	1	A	6	3	4	D
B	7	2	F	E	6	A	C	1	D	5	0	3	4	8	9
E	9	1	4	2	8	0	D	3	A	B	C	5	6	7	F
5	8	C	A	9	3	1	B	7	F	6	4	D	E	0	2
6	3	0	D	4	F	5	7	E	2	9	8	B	1	C	A
F	C	6	8	D	9	E	4	0	3	A	1	2	7	B	5
D	E	4	1	0	5	2	8	B	C	7	F	9	A	3	6
3	2	B	9	A	C	7	1	6	4	8	5	E	D	F	0
0	5	A	7	F	B	6	3	D	9	2	E	8	C	1	4

68 Advanced

8	D	F	3	E	6	2	C	4	0	A	7	9	1	B	5
4	7	E	1	5	B	8	3	6	2	9	D	F	0	A	C
C	9	5	B	7	0	D	A	8	F	3	1	4	6	2	E
2	A	0	6	4	9	F	1	B	C	5	E	3	D	7	8
B	0	6	4	3	A	E	D	7	8	2	F	C	5	9	1
D	C	2	8	1	7	0	9	5	3	4	6	A	B	E	F
9	1	7	E	F	5	6	B	D	A	C	0	2	8	4	3
3	F	A	5	C	8	4	2	1	9	E	B	D	7	0	6
7	6	8	C	2	1	B	0	E	4	F	A	5	3	D	9
E	B	1	0	9	3	A	5	2	7	D	C	8	F	6	4
5	2	9	D	8	4	C	F	0	B	6	3	E	A	1	7
F	3	4	A	D	E	7	6	9	5	1	8	0	2	C	B
A	5	C	2	6	D	1	7	F	E	8	9	B	4	3	0
0	E	D	7	A	F	9	4	3	1	B	5	6	C	8	2
6	8	B	F	0	2	3	E	C	D	7	4	1	9	5	A
1	4	3	9	B	C	5	8	A	6	0	2	7	E	F	D

Solutions

69 Advanced

5	A	B	D	9	F	7	6	2	C	1	8	4	3	0	E
8	2	3	E	C	4	D	0	A	B	7	6	9	5	F	1
F	9	4	7	1	A	8	E	0	5	3	D	C	2	B	6
0	1	6	C	B	3	5	2	F	9	4	E	8	7	A	D
4	F	5	0	3	D	C	7	1	2	A	B	6	E	9	8
B	8	C	1	2	6	9	A	E	7	5	0	D	F	4	3
6	E	9	A	8	5	B	1	3	4	D	F	7	0	C	2
D	7	2	3	F	0	E	4	6	8	C	9	1	B	5	A
2	4	A	B	5	9	0	D	C	3	F	1	E	6	8	7
1	3	7	5	E	B	6	8	9	0	2	4	A	C	D	F
C	D	0	8	4	1	2	F	7	6	E	A	B	9	3	5
E	6	F	9	7	C	A	3	B	D	8	5	2	4	1	0
3	5	1	F	6	7	4	B	D	A	9	2	0	8	E	C
A	C	D	6	0	E	3	9	8	F	B	7	5	1	2	4
9	0	8	4	D	2	1	C	5	E	6	3	F	A	7	B
7	B	E	2	A	8	F	5	4	1	0	C	3	D	6	9

70 Advanced

4	5	6	7	3	A	E	9	B	F	D	C	1	0	8	2
E	B	1	2	7	5	C	8	6	3	A	0	D	F	4	9
0	F	3	9	D	2	B	4	1	5	7	8	A	E	C	6
C	D	A	8	F	0	1	6	9	2	4	E	B	5	3	7
9	2	C	4	0	1	8	7	F	D	3	B	E	6	A	5
7	6	F	5	4	C	A	D	2	8	E	9	3	B	0	1
B	1	E	0	9	F	5	3	C	A	6	7	8	4	2	D
A	8	D	3	B	E	6	2	4	1	0	5	9	7	F	C
8	C	7	1	A	3	4	B	5	9	2	F	0	D	6	E
6	3	5	F	2	9	D	E	7	0	C	A	4	1	B	8
2	4	B	A	5	8	0	C	D	E	1	6	F	9	7	3
D	9	0	E	6	7	F	1	8	4	B	3	C	2	5	A
F	E	9	B	C	4	2	5	A	6	8	D	7	3	1	0
1	7	8	6	E	B	9	0	3	C	F	2	5	A	D	4
5	A	4	D	8	6	3	F	0	7	9	1	2	C	E	B
3	0	2	C	1	D	7	A	E	B	5	4	6	8	9	F